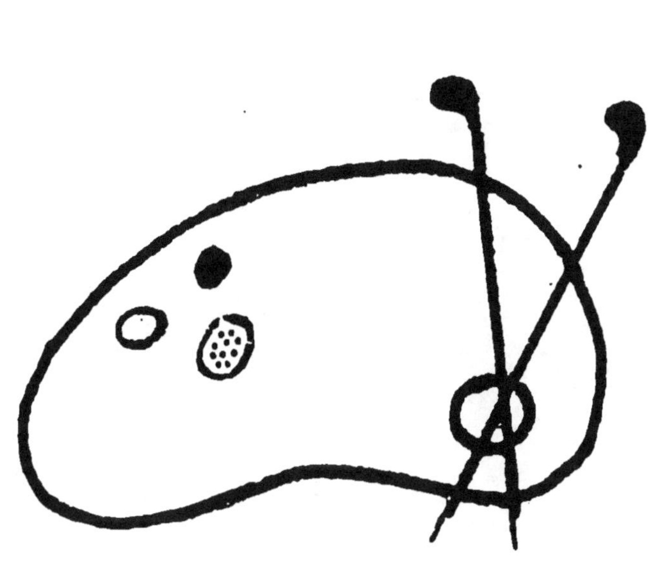

Couvertures supérieure et inférieure
en couleur

PETITE ENCYCLOPÉDIE SOCIALE, ÉCONOMIQUE ET FINANCIÈRE

I

LEÇONS
D'ÉCONOMIE POLITIQUE

PROFESSÉES

A L'ÉCOLE SPÉCIALE D'ARCHITECTURE

PAR

ANDRÉ LIESSE
Rédacteur au *Journal des Economistes*

AVEC UNE PRÉFACE

DE

M. COURCELLE-SENEUIL
de l'Institut

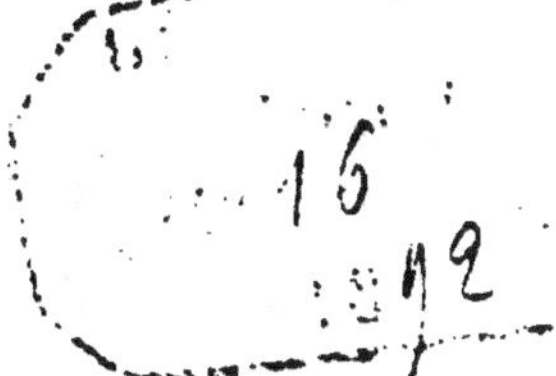

PARIS

A. GIARD & E. BRIÈRE
LIBRAIRES-ÉDITEURS
16, rue Soufflot, 16
—
1892

LEÇONS D'ÉCONOMIE POLITIQUE

Beaugency. — Imp. Laffray.

PETITE ENCYCLOPÉDIE SOCIALE, ÉCONOMIQUE ET FINANCIÈRE

I

LEÇONS
D'ÉCONOMIE POLITIQUE

PROFESSÉES

A L'ÉCOLE SPÉCIALE D'ARCHITECTURE

PAR

ANDRÉ LIESSE

Rédacteur au *Journal des Economistes.*

AVEC UNE PRÉFACE

DE

M. COURCELLE-SENEUIL
de l'Institut.

PARIS

A. GIARD & E. BRIÈRE

LIBRAIRES-ÉDITEURS

16, rue Soufflot, 16

—

1892

Ⓒ

Le Cours d'Économie politique fait partie
du programme de l'Amphithéâtre de l'École
spéciale d'architecture (1). Il résume en quatorze leçons les principes de l'Économie politique et définit son rôle dans les applications
générales du travail.

La chaire a été inaugurée en 1865, à l'ou-
verture de l'École, par M. Blaize (des Vos-
ges), en l'absence de M. Courcelle-Seneuil
qui était alors au Chili.

A son retour, en 1867, M. Courcelle-Seneuil a repris le cours qu'il a ordonné et

(1) École spéciale d'architecture, 136, boulevard Mont-
parnasse, à Paris.

professé pendant treize ans. M. André Liesse, son élève, lui a succédé depuis 1880.

La chaire d'Économie politique à l'École spéciale d'architecture, est dotée par M. Goffinon dont elle porte le nom.

Le Directeur de l'École spéciale d'architecture,

ÉMILE TRÉLAT.

PRÉFACE

—

Ce résumé contient un exposé des principes de l'Économie politique.

L'auteur a estimé que lorsqu'on avait une occasion d'énoncer, même rapidement et dans les limites bien étroites d'un programme spécial, les principes de la science devant des jeunes gens, on devait en profiter pour répandre, autant qu'on le pouvait, des idées utiles. Quant aux résultats immédiats de cet enseignement, il y avait peu d'illusions à se faire. Les élèves de l'École d'architecture n'avaient pas, comme ceux d'autres écoles, le temps de pousser plus loin leurs études et d'en tirer les conséquences pratiques, mais on ne sait jamais où porte un enseignement consciencieux, ni ce qui en reste dans l'esprit de chacun de ceux qui l'ont reçu.

L'enseignement de l'Économie politique avait semblé facile, après les travaux de J.-B. Say qui lui avait donné pour la première fois une forme didactique. J'ai, comme bien d'autres, partagé cette opinion. L'expérience nous a montré au contraire, que cet enseignement rencontrait dans l'esprit des élèves des résistances que personne, à ma connaissance, n'a pleinement surmontées. Ces résistances, que nous n'avions pas prévues, n'ont pourtant rien de surprenant.

En effet, l'Économie politique a été le commencement de la science sociale. Pour la première fois, lorsqu'on l'a formulée, on s'essayait à considérer l'activité volontaire des hommes au point de vue d'une observation scientifique appuyée sur une méthode rigoureuse. Jusque là (et de nos jours encore) on s'était habitué à considérer les actes humains de loin, sans s'occuper de leurs causes, et à les juger par intuition. C'est de ce point de vue que l'on a recueilli, presque au hasard, dans des formes de langage convenues, dans lesquelles chacun pouvait sans peine découvrir le pour et le contre, des notions de politique, de droit, de morale et de pédagogie sur lesquelles on babille et l'on gazouille tout à l'aise avec abondance.

Dans cet état des esprits, l'enseignement de l'Économie politique semble paradoxal et étrange; il produit l'effet d'une langue inconnue, celle de l'observation et du raisonnement dans un ordre de faits où l'on s'est longtemps abstenu d'observer et de raisonner, sans qu'on ait jamais hésité à conclure. Il ne faut donc pas s'étonner que cet enseignement pénètre avec peine et paraisse peu utile. On sait d'ailleurs que depuis Turgot, l'Économie politique est le programme d'un parti politique dont le but est l'avènement de la justice et de la liberté.

C'est sur ce programme qu'ont été écrites les grandes lois de la Constituante qui ont marqué une ère dans l'histoire du genre humain. On affecte aujourd'hui de les dédaigner, mais ce dédain est peu sincère, et tel qui le professe hautement pour plaire à ses électeurs, sait fort bien qu'il lui faudra bientôt y revenir.

Cette science qui a des conséquences morales et juridiques, rencontre donc, ce que ne rencontre aucune autre, des adversaires puissants, riches du bien d'autrui et acharnés. La vivacité croissante de leurs protestations nous porte à croire que l'Économie politique gagne peut-être plus de terrain que nous ne croyons.

Quoiqu'il en soit, il faudra l'enseigner pendant bien des années avant d'obtenir des résultats sérieux. Encore ne faut-il pas se borner à l'enseigner seule; il faut que la forme de pensée qui l'a enfantée aille animer toutes les autres branches de nos connaissances morales et politiques, en y portant l'observation et le raisonnement. Jusque là tout l'enseignement économique aura peu d'effet apparent. Il ressemblera assez bien aux coups de pioche nombreux portés à un bloc de glace ou de roche : chacun semble sans effet pendant longtemps, mais sous l'action de ces coups repétés, des milliers et des millions de fois, le bloc se désagrège et se dissout. Heureux ceux qui assisteront à cet événement !

Courcelle-Seneuil.

AVANT-PROPOS

L'Économie politique en quatorze leçons, dont deux sur un sujet spécial d'application ! Cela ressemble un peu au tour du monde en quatre-vingts jours.

Il faut certainement plus de douze leçons et plus de quatre-vingts jours pour faire le tour du monde économique. Aussi la tâche de celui qui est chargé d'enseigner si rapidement cette science est-elle celle d'un homme qui voudrait introduire le ressort d'un gros mouvement de pendule dans le logement d'un ressort de montre. Mais un programme est un programme, et il faut s'y conformer, d'autant plus que dans ce cas, un programme est toujours une circonstance atténuante pour l'auteur.

L'enseignement de l'Économie politique étant en quelque sorte l'enseignement professionnel de la lutte pour la vie devrait faire partie de l'enseignement général. Il n'en est pas ainsi malheureusement. C'est pourquoi l'École d'Architecture n'a pas hésité à parfaire, sur ce point, l'instruction première de ses élèves.

Ce cours est fait à des jeunes gens pour qui

l'Économie politique est une inconnue, et une inconnue dont ils sont portés à se défier parce qu'ils n'aperçoivent pas bien son utilité dès le début. L'on a dit qu'il est des sciences qu'il faut qu'on oublie plusieurs fois avant de les connaître, l'Économie politique est de celles-là. Ces quatorze leçons doivent donc établir les principes généraux et esquisser quelques applications, aussi ont-elles été traitées en certaines parties de façon fort abstraite. J'ai employé, toutes les fois que cela a été possible, des comparaisons physiques ou mathématiques pour rendre plus claires et plus rapides certaines démonstrations. Sur ce point, j'ai essayé de suivre l'exemple d'un grand maître, de celui qu'on pourrait appeler le Pascal de l'Économie politique, Turgot, dans les écrits duquel on a retrouvé succinctement mais scientifiquement exprimées, toutes les vérités fondamentales de l'Économie politique.

Ces vérités qui constituent la science économique sont peu nombreuses. Néanmoins comme elles sont, pour la plupart, contraires aux idées courantes sur la société, qu'elles ont de plus des rapports de dépendance réciproque assez complexes, leur assimilation devient difficile lorsqu'on les étudie pour la première fois.

On trouvera donc ici ces vérités exposées aussi simplement que leur nature le permettait. Leurs conséquences n'ont pu forcément être toutes analysées. Ce petit précis, du reste, ne saurait avoir de prétention scientifique. Il peut permettre de jeter un coup d'œil général sur l'Économie politique; il est une sorte de carte élémentaire d'un pays qu'on n'arrive à bien connaître qu'en étudiant ensuite des traités et des ouvrages complets (1), et en particulier ceux de maîtres éminents comme M. Courcelle-Seneuil auquel j'ai eu l'honneur de succéder à l'École d'Architecture.

A. L.

(1) *Traité théorique et pratique d'Économie politique*, 2 volumes, par J.-G. COURCELLE-SENEUIL. Consulter aussi : *Les Lois naturelles de l'Économie politique*, par M. DE MOLINARI.

COURS D'ÉCONOMIE POLITIQUE

PROFESSÉ

A L'ÉCOLE SPÉCIALE D'ARCHITECTURE

1ʳᵒ LEÇON.

PRÉLIMINAIRES ET DÉFINITIONS.

La science économique. — Obstacles à son extension. — Définitions : Richesses, Capital, Revenus, Services, etc. — L'Économie politique est une branche de la science sociale; essai de définition de l'Économie politique. — Science et Art. — *Loi de l'économie des forces.* — Hypothèse de la formation et du progrès des sociétés. — Utilité de l'Économie politique. — Divisions pour l'enseignement de l'Économie politique. — De l'emploi des formules algébriques; leur utilité limitée.

I

L'Économie politique est une science, une science où l'observation joue un rôle important, et, comme toutes les sciences d'observation elle ne s'est régulièrement développée que lorsque la somme des connaissances générales a été assez grande pour qu'on pût lui assigner un champ d'étude et des limites.

C'est du milieu du XVIIIᵉ siècle que datent les

premiers travaux réellement scientifiques des économistes. A cette même époque aussi, la Physique, la Chimie, l'Astronomie, les Sciences naturelles abandonnant enfin le domaine du surnaturel et de la légende, prirent un rapide essor sous l'influence d'une méthode rigoureuse. Les découvertes modernes si étonnantes, et parfois si imprévues, attestent les progrès réalisés. L'économie politique n'est pas restée en arrière. Des hommes éminents, des savants désintéressés ont patiemment, au milieu des troubles, des révolutions, des contradictions violentes, dégagé les principes de cette science. Car comme les faits qu'observe et étudie l'Économie politique sont des faits qui constituent la vie de l'homme, la vie de chaque jour, des difficultés se présentaient soit pour mener à bien des observations souvent contradictoires, soit pour faire accepter par les acteurs de la vie, les vérités les plus simples. Il n'est venu à personne l'idée de nier ou de critiquer, à première vue, une loi physique. Parce que l'homme est soumis à la pression barométrique, parce qu'il ressent la chaleur et le froid, il ne se croit point un physicien capable d'expliquer les phénomènes auxquels donnent lieu ces différentes forces naturelles. Par contre, le plus souvent, il pense connaître les lois de l'économie politique parce qu'il vend, achète, produit, consomme. Pourtant, dans bien des circonstances, il ne considère, comme pour les lois physiques, que le fait brutal du moment, ignorant qu'il est, des causes complexes qui le produisent.

L'amour propre n'est pas étranger non plus à cette prétention de connaître le mécanisme de la société. L'état de richesse ou de pauvreté dépendant des actes de l'homme en général — toutes causes venant du hasard ou de cataclysmes écartées — il en résulte que chacun explique à sa façon, et pour sauvegarder son intelligence et sa perspicacité, l'histoire de sa fortune ou de son insuccès.

Ce sont ces difficultés (qu'Herbert Spencer a appelées « subjectives » parce qu'elles dépendent de l'opinion variable et intéressée des hommes) qui ont nui, non pas aux progrès scientifiques de l'Économie politique, mais bien à sa diffusion et, il faut bien le dire, à son prestige.

L'on n'a pas toujours su non plus donner à l'étude de l'Économie politique les limites qu'elle comportait. C'est à la science générale de la vie, à la science sociale que se sont attaqués certains écrivains. En confondant tous les mobiles, toutes les forces qui font agir l'homme : forces physiques, forces morales, forces intellectuelles exercées sous la pression de l'intérêt dans la lutte pour la vie, ils ont introduit des causes multiples d'erreurs.

II

Il importe donc de bien définir l'Économie politique; de la définir comme toute science par les faits qu'elle étudie.

L'homme est soumis à des besoins de toutes

sortes dans nos sociétés civilisées, il a des besoins naturels, intellectuels, etc. Parmi toutes les catégories de besoins que peut avoir l'homme, nous ne considérerons que le *besoin économique* que nous définirons : toute force d'où naît le désir de posséder une chose matérielle. Mais remarquons-le bien, le besoin peut être un besoin physiologique, un besoin de première nécessité comme la faim, la soif, ou, dans le même ordre d'idées, un besoin né d'une civilisation avancée, comme le besoin d'exercices gymnastiques pour l'habitant sédentaire des grandes villes. Les besoins sont multiples, et augmentent sans cesse avec la civilisation ; ils sont indéfinis et sont un stimulant puissant pour l'activité de l'homme. Il n'y a pas, cependant, que des besoins physiologiques, l'homme a des besoins intellectuels et moraux. Il a besoin de se distraire, il recherche les jouissances purement immatérielles : la littérature, la science pure, les arts lui procurent des sensations spéciales qui, si elles ne sont pas indispensables à la vie physiologique, constituent néanmoins des aliments nécessaires pour l'esprit du civilisé.

On appelle en économie politique *Richesses* toutes choses : 1º *Matérielles*, 2º *Utiles*, 3º *Appropriées*.

Ces trois conditions sont nécessaires.

Matérielle, la richesse doit l'être car nous ne pouvons, par exemple, mesurer le talent d'un orateur ou l'influence que peut avoir la découverte d'un savant. Ce peuvent être des causes, des éléments de richesses, ce ne sont pas des richesses. Entre l'esprit d'un homme de talent et une richesse, il y a la différence qui existe entre le courant d'un fleuve, c'est-à-dire une force naturelle libre, et la chute d'eau, force organisée par une écluse.

Utile veut dire propriété qu'a cet objet matériel de satisfaire nos besoins. Une pierre dans un chemin est un objet matériel, cependant inutile, si elle ne fait point partie de l'empierrement.

Appropriée signifie qu'une organisation sociale, un système de propriété permet aux hommes d'user et de se servir de cette chose.

La matérialité est une propriété permanente.

L'appropriation n'a point de forme absolument nécessaire ; elle peut être variable, très variable même, mais doit toujours exister pour qu'il y ait richesse, si l'on ne suppose pas l'homme isolé. Elle ne peut ni augmenter ni diminuer la richesse ; on pourrait dire qu'elle protège les variations de la *richesse*.

Les *richesses* varient *objectivement* puisque la matière est susceptible de variations et elles varient suivant le degré d'*utilité* des objets.

L'utilité est susceptible d'augmentation ou de diminution, car elle est un rapport entre l'homme et l'objet.

L'homme peut changer, ou l'objet. Si l'objet change, si un chapeau s'use, il y a diminution d'utilité, il y a variation *objective* ; si au contraire le sujet, l'homme, trouve, tout d'un coup, que ce chapeau qui pouvait satisfaire ses besoins ne les satisfait plus, par ce que le chapeau n'est plus de mode, par exemple, il y a variation *subjective* d'utilité.

Produire c'est donner de l'utilité à un objet matériel ou augmenter celle qu'il a déjà; *consommer*, c'est détruire l'utilité d'un objet matériel ou la diminuer.

On nomme *capital* une somme déterminée de richesses, lesquelles doivent être employées dans des entreprises de production ou de consommation reproductive.

Les *revenus* sont aussi des richesses destinées à être consommées non reproductivement ou tout au moins à être consommées en dehors de toute entreprise, ce sont des richesses destinées à entretenir la vie du producteur.

Il faut remarquer que le mot *richesses* est le mot générique, et que les mots *capital* et *revenus* ne sont que des synonymes *objectivement*. La seule destination qu'on donne aux richesses en fait soit un capital, soit un revenu. Une richesse peut donc changer de nom quand elle change de destination et, par conséquent, lorsqu'elle change de propriétaire. Un cigare, par exemple, qui est chez le marchand de tabac un capital, n'est plus qu'un revenu pour le consommateur qui détruit cette utilité pour satisfaire un besoin ou un plaisir.

Services. — Il est un travail qui ne s'incorpore à aucun objet matériel et qui cependant exige un effort, c'est celui qui produit des utilités lesquelles, comme l'a dit Stuart-Mill « ne sont fixées et in-
« corporées dans aucun objet, mais qui consistent
« dans un simple service rendu, un plaisir donné,
« une peine ou un inconvénient épargné, pendant

« un temps plus ou moins long, mais sans laisser
« après soi de traces durables et qui se reconnais-
« sent à l'accroissement des qualités de la personne
« ou de la chose ». Le résultat de ce travail nous
l'appellerons les *services*. Par leur nature même,
les services ne peuvent être classés au nombre des
richesses ; tels sont les services de l'avocat, du médecin ou encore du fonctionnaire.

III

Ces définitions faites nous constaterons que
l'homme ne peut supprimer ses besoins, les besoins physiologiques, sous peine de mort, et que
lorsqu'il est habitué à ceux qu'il se crée chaque
jour il ne peut les diminuer qu'au prix des plus
grandes souffrances et des plus terribles priva-
tions.

Le besoin pousse donc l'homme invinciblement
à l'action, pour agir l'homme *travaille*, c'est-à-dire
met en œuvre plusieurs forces. Ces forces peuvent
se diviser en deux grandes classes : la force musculaire, et les forces intellectuelles et morales.

Il exerce ces forces contre la nature, les agents
naturels, et aussi contre ses semblables.

Si nous appelons F F' F'' F''' ces différentes
forces et P la puissance générale de l'humanité,
nous écrirons, Σ indiquant l'addition de ces forces :

$$\Sigma\,(F + F' + F'' + F'''...) = P.$$

P sera d'autant plus grand que la somme des
forces de chaque individu dans la société sera

plus grande. Il peut y en avoir de négatives; elles sont essentiellement variables et complexes. Les forces musculaires, par exemple, pour être augmentées ont besoin de soins hygiéniques; les forces intellectuelles sont développées par l'enseignement, ainsi que les forces morales.

La science sociale étudie les lois de la vie générale de l'humanité en étudiant les mobiles qui font agir l'homme et les combinaisons entr'elles des différentes forces que nous venons d'énumérer. L'Économie politique a un champ plus restreint. Elle constate le mobile qui fait agir l'homme, détermine la loi mécanique de son action — ce que nous allons faire plus loin — *et étudie les lois qui président à l'augmentation ou à la diminution des richesses dans la société*. Par la définition elle-même des richesses, l'économie politique s'interdit toute ingérence dans le domaine moral. Remarquons du reste que, à cause de cette précision dans ses recherches et dans ses observations, et aussi à cause de l'objet même de son étude, cette science est la première comme avancement parmi les différentes branches de la science sociale. Rossi a dit qu'il fallait exclure de l'Économie politique les axiomes qui condamnent la morale. La science qui étudie des faits n'a pas à se prononcer sur ce qui est bien ou mal, mais sur ce qui est. On enseigne dans les écoles de pharmacie la nocuité des alcaloïdes végétaux sans chercher à démontrer que ces alcaloïdes végétaux sont une immoralité.

Pour mieux faire comprendre la définition de

ce que l'on entend par science de l'Économie politique nous prendrons l'exemple suivant. Supposons un train mis en mouvement par une locomotive ; ce train se compose de deux parties : la machine et les wagons. Étudier les lois qui régissent le frottement des roues des wagons, la force de résistance de leurs ressorts, leur surface, c'est, par comparaison, étudier les lois de l'Économie politique. Nous ne savons et ne voulons savoir, nous économistes, dans nos observations spéciales qu'une chose, c'est que cette machine quand elle suit la ligne droite va plus vite et avec moins de dépenses de combustible que quand elle suit la ligne courbe. L'analyse de toutes ses pièces compliquées n'entre pas dans notre sujet, elle appartient à d'autres sciences, en particulier à la biologie.

IV

La méthode en économie politique a aussi une très grande importance et nous pouvons en dire quelques mots maintenant que nous avons défini cette science. La méthode employée et indiquée forcément par la nature de la science elle-même, c'est la méthode d'observation, empruntée du reste aux sciences physiques. Mais en économie politique il est fort difficile de faire des expériences ; il nous est impossible dans le silence du laboratoire de fondre au creuset des sociétés toutes faites. De même que l'astronome ne peut, dans l'espace, jeter des sphères avec des forces initiales déterminées pour découvrir les secrets qu'il cherche à arracher à l'infini, de même nous devons être souvent des observateurs et rien que des observateurs. Vient ensuite le raisonnement et la coordination des découvertes d'où naissent les lois naturelles.

Quant à la méthode d'enseignement qui est tout autre que celle des recherches, elle consistera pour nous, à séparer dans ce cours la science de l'art. Dans le domaine des faits, c'est l'art qui, historiquement, précède la science. L'on se servait de voiles sur les navires alors que l'on ne connaissait pas encore la composition de l'air et que l'on ignorait qu'il fût pesant. Dans toutes les sciences humaines, il en a été ainsi. Pour l'enseignement, il faut rétablir l'ordre naturel et démontrer la loi d'où découlent une grande quantité de conséquences. La tâche de celui qui enseigne est ainsi rendue plus facile, et aussi celle de celui qui veut s'instruire.

V

Nous avons déjà dit que l'homme était poussé à l'action économique par le besoin. L'homme essaie de se procurer la nourriture nécessaire à son existence, à sa vie. Mais de quelle façon emploie-t-il les moyens personnels dont il dispose ? Assurément la terre, où les agents naturels producteurs de fruits ne les lui apportent pas ; il n'a point généralement, même dans l'état sauvage, qu'à étendre la main pour cueillir le fruit qu'il désire. Un effort est nécessaire ; cet effort s'appelle le *travail.* Or, il est d'observation constante que l'homme ménage cet effort, aussi bien dans l'état sauvage que dans l'état de civilisation avancée. La force restrictive, si l'on peut s'exprimer ainsi, qui le porte à ne pas dépenser trop de force est la fatigue d'où naît généralement la paresse. Cependant, cette force restrictive combinée avec la force positive, fille du besoin, crée *la loi de l'économie des forces,* comme l'a appelée si justement M. de Molinari.

Soit, en effet, une force B issue du besoin et qui a son point d'application en O, le point O représentant l'homme par exemple, soit une autre force P dont la cause est la paresse et le point d'application aussi en O, cette force P a une direction différente de celle de la force B. Si nous construisons le parallélogramme des forces, nous obtiendrons une résultante I qui est l'esprit d'invention, d'administration, d'organisation, de la simplification de l'effort ou du travail en un mot.

Tout le monde connaît l'histoire du jeune Potter qui, chargé d'ouvrir les robinets d'une machine à vapeur d'épuisement, alors que les tiroirs n'avaient point été encore inventés, s'imagina d'attacher des ficelles au balancier et aux robinets afin de pouvoir aller jouer avec ses camarades.

Nous formulerons donc cette loi générale qui est la grande loi de l'action économique de l'homme, en ces termes :

« L'homme cherche à obtenir le plus possible

« de ce qu'il croit être le plus avantageux pour lui,
« avec ce qu'il estime être la moindre peine. »

L'homme est donc sollicité par ces deux forces :
le désir de satisfaire son besoin, et la peine ou l'effort
à déployer pour arriver à cette satisfaction. Aussi
le travail n'est-il pas agréable, comme des rhéteurs
se sont plu souvent à le répéter ; il est une nécessité pour l'homme qui ne peut y échapper. L'effort
ou travail que fait l'homme est très variable ; il
peut être relativement petit et ne servir à satisfaire
que les besoins de première nécessité que l'homme
ne pourrait négliger sans mourir. Parfois, il est
très grand et sert à satisfaire des besoins nouveaux
qui eux-mêmes en appellent d'autres.

La vie de l'homme consiste-t-elle dans le renon-
cement, dans le refoulement de ses besoins, qu'il
ne peut du reste jamais entièrement supprimer ?
N'est-il pas plutôt constitué pour agir, comme le
démontrent ces besoins eux-mêmes qui le poussent
à l'action ? Les peuples qui ont suivi la première
voie sont restés bien en arrière de ceux qui ont
suivi la seconde ; les premiers dans la lutte pour
la vie sont inférieurs aux seconds. Ils sont les
moins forts au point de vue économique et, par
conséquent, ne peuvent être pris comme modèles.

Cet effort tout positif du travail n'est cependant
pas le seul qui augmente la richesse. Assez souvent l'homme refoule certains besoins, non pas
pour éviter un effort — cet effort dans ce cas particulier est fait et a porté profit — mais pour ne
pas consommer le produit de cet effort. C'est ce
travail négatif que M. Courcelle-Seneuil, a appelé

le *travail moral d'épargne*. L'homme met en réserve pour l'avenir des richesses destinées à subvenir à ses besoins. Ce travail d'épargne prouve
chez les hommes et aussi chez les peuples qui en
sont capables, un degré de civilisation avancé. Le
contraire, en effet, a lieu chez les sauvages qui ne
peuvent conserver et détruisent sans aucune utilité
les ressources en leur possession.

Pour bien faire comprendre comment s'est développée l'humanité sous l'influence de ces
forces, il est utile d'exposer l'hypothèse des progrès économiques telle qu'elle a pu être faite d'après
l'histoire et l'observation des peuplades primitives
qui subsistent encore actuellement en certains
pays. La géologie fait aussi des hypothèses, l'astronomie physique ne procède pas autrement pour
les taches du soleil.

Primitivement, l'homme désarmé a vécu de la
cueillette des fruits, puis l'espèce humaine crois-
sant, les fruits ne suffirent plus à sa subsistance et
la chasse put, sur un terrain d'égale étendue, nourrir un plus grand nombre d'individus. Mais il faut
encore une assez grande surface de terrain pour
fournir aux premiers besoins d'un groupe d'hommes au moyen de la chasse. Des peuples chasseurs
sortirent les peuples pasteurs, nomades encore il
est vrai, mais dejà plus stables que les peuples
chasseurs. Naturellement l'agriculture naquit
sous leurs tentes. Alors la civilisation grandissant, les villes se créèrent, les groupes augmentè-
rent d'importance, et devinrent bientôt des peuples.

VI

Cette progression dans les progrès de l'humanité a été lente, très lente au début ; elle a eu des arrêts, des à-coups, ce qu'on appelle des points de rebroussement en géométrie ; mais toujours la grande loi de l'économie des forces a dirigé le mouvement. Et si les hommes ont développé plus d'efforts à mesure que leurs besoins croissaient, les richesses augmentaient proportionnellement beaucoup plus que le travail musculaire qui les produisait.

Est-il besoin maintenant de démontrer l'utilité de l'étude de la science économique ? N'est-elle pas aussi indispensable pour l'homme, agent économique, que l'est la théorie pour le soldat ? Elle est un apprentissage rationnel de la lutte pour la vie. En tant que science, elle donne une idée élevée du mécanisme de la société ; en tant qu'art ou application, elle enseigne les moyens pratiques de diriger productivement les entreprises commerciales et industrielles.

Dans ce cours, nous séparerons l'art de la science. Nous en enseignerons d'abord les principes ; nous étudierons ensuite les problèmes les plus généraux et ceux qui concernent spécialement le crédit.

La partie scientifique sera divisée en deux parties :

1° La *production* et la *consommation* ; 2° l'appropriation des richesses d'où découle la *distribution* de ces mêmes richesses.

La production et la consommation nous offriront des phénomènes permanents et nécessaires auxquels ne peut échapper l'humanité, quelques arrangements sociaux qu'elle s'ingénie à faire. L'appropriation, au contraire, dépend, quant à sa nature, de la volonté des hommes, des modes d'arrangement de la société. Aussi la distribution des richesses dépend-t-elle étroitement du mode d'appropriation. Ainsi les richesses ne se distribuent pas sous un régime communiste, de la même façon que sous un régime ayant quelques libertés comme le nôtre. Des peuples se sont enrichis par la guerre, d'autres par le commerce. Or les premiers ont fait de leurs richesses une autre distribution que les seconds. Les lois naturelles de l'Economie politique règlent néanmoins les distributions de la richesse, lorsque ces lois sont appelées par les circonstances à se manifester. L'homme peut retenir par sa volonté un corps sur un plan incliné, n'empêche que s'il n'exerce plus de force sur ce corps ou s'il est poussé par une nécessité quelconque à l'abandonner, les lois de la pesanteur auront leur cours. Ainsi il en est de la loi de l'offre et de la demande.

La production nous occupera d'abord. Quoiqu'historiquement la production et la consommation se soient développées parallélement, l'on peut par hypothèse admettre que la production précède logiquement la consommation. Du reste le rang donné à l'une ou à l'autre importe peu. On commence l'enseignement de la physique par l'hydrostatique et on la finit ordinairement par l'optique. Rien n'empêcherait d'aborder au début l'étude de la chaleur et de terminer par celle de l'électricité.

Ici, de plus, dans la science économique, la production et la consommation dépendent si intimement l'une de l'autre qu'on ne peut accorder à l'une une prééminence sur l'autre. Chercher à déterminer la plus ou moins grande influence de chacune d'elles, ce serait comme l'a dit J. Stuart-Mill, vouloir mesurer laquelle des lames dans une paire de ciseaux a le plus d'action dans la division d'un morceau d'étoffe.

La production a pour cause des facteurs ou des éléments de puissance productive. Nous analyserons ces éléments et les effets de leur action. Nous exposerons ensuite les lois naturelles restrictives qui sont un obstacle à la production et la loi extensive qui au contraire favorise son extension. Nous traiterons rapidement de la consommation et nous pourrons tirer les conclusions générales de l'ensemble de ces analyses. Puis nous décrirons les différents modes d'appropriation, et en particulier le mode d'appropriation par la liberté lequel est le plus conforme aux lois économiques.

Remarque. — Nous devons dire, dès le début de ce cours que nous n'emploierons qu'avec la plus grande prudence les formules algébriques bien faites, cependant, il est vrai, pour tenter l'économiste, comme instrument d'analyse. Malheureusement les problèmes économiques ne présentent pas des phénomènes que l'on puisse considérer comme constants, si petit que soit l'élément de temps considéré. Et puis l'homme est une variable indépendante, trop indépendante pour qu'on puisse lui attribuer sur un point particulier même une valeur fixe. Lorsqu'on fait entrer dans un problème de cette nature une quantité variable, il faut d'abord tenir compte de la loi de variation de cette quantité. Si l'on montre qu'elle est une fonction d'une autre quantité, il faut que cette dernière quantité ait une loi de variation propre et connue, ne dépende d'aucune autre, tout au moins pendant un élément de temps. Si par hypothèse on donne une valeur ou une loi de variation à cette quantité, l'hypothèse qu'on fera donnera évidemment des solutions aux problèmes qui peuvent se discuter ; mais comme les hypothèses peuvent être différentes suivant les personnes qui les font, les résultats sont différents. En somme, les problèmes d'Économie politique présentent, mathématiquement, des solutions indéterminées. Les mathématiques sont donc impuissantes dans les démonstrations scientifiques.

Mais dans certains cas pratiques, dans certains problèmes très limités où l'on peut considérer des quantités comme très connues, elles sont un aide très utile, un moyen de vérification ingénieux.

Les formules que nous emploierons ici, seront plutôt des formules générales faites pour fixer de façon plus synthéthique le rapport de certaines quantités entre elles. Ces formules, à cause des termes généraux qui les composent, ne peuvent être traduites en chiffres ; elles présentent des inégalités, des différences sans que ces inégalités ou différences puissent être mesurées. Elles sont une simplification, une traduction de démonstration, non une démonstration elle-même.

Assurément les lois économiques sont des lois naturelles vraies dans le temps et dans l'espace. La loi de l'offre et de la demande entr'autres paraît au premier abord facile à traduire algébriquement, lorsque l'on considère les formules générales; néanmoins, l'on s'aperçoit que ses manifestations, dont toutes les causes nous sont cependant connues, sont loin d'être d'un pronostic facile. Les phénomènes économiques ressemblent beaucoup aux phénomènes météorologiques. Ces derniers aussi dépendent des lois naturelles de la chaleur, de l'électricité et de la pesanteur ; malgré cela, ils sont le produit de forces qui n'ont pas entre elles de lois que nous connaissions. En Économie politique, on peut prévoir une crise, de même que l'on prévoit un orage peu de temps auparavant qu'il éclate. Comme en météorologie, les observations en Économie politique sont assez difficiles, parfois impossibles en tant qu'observation de faits complexes. Cela n'empêche point les saisons de se succéder et les lois économiques d'avoir leur cours.

PRODUCTION. — ANALYSE DES ÉLÉMENTS DE PUISSANCE
PRODUCTIVE.

Les Éléments de puissance productive. — Les Agents
naturels : ils sont différents et variables. — Le Travail de
l'Homme : le travail musculaire ; le travail moral d'é-
pargne ; le travail d'invention et d'arrangement, dans
l'art industriel, dans l'atelier, dans la société. La Production est proportionnelle à la puissance productive.

Dans l'analyse des éléments de puissance productive, nous considérerons la population du
globe comme *invariable;* c'est une hypothèse que
nous sommes obligés de faire pour rendre plus
clair et plus méthodique l'exposé suivant. Plus
loin nous étudierons les variations de ces différents éléments lorsqu'ils varient ensemble.

Nous avons dit que *produire*, c'était donner
de l'utilité à un objet matériel qui n'en possédait
pas, ou augmenter celle qu'il avait déjà.

Il y a deux facteurs premiers de production :

1º La Terre ou les agents naturels ;

2º Le Travail de l'homme.

§ 1. — *La Terre ou agents naturels.*

La terre ou les agents naturels sont la matière
sur laquelle s'exerce le travail de l'homme. En
général, la terre ne produit pas spontanément des

richesses, à part quelques fruits sauvages. Il faut donc que le travail intervienne pour obtenir des objets propres à la satisfaction de nos besoins. Le plus souvent, la matière est rebelle aux efforts de l'homme qui entre en lutte avec les difficultés; parfois au contraire, mais très rarement, le sol offre des ressources particulières. Les races primitives ont recherché ces avantages, elles ont habité des cavernes qui les mettaient à l'abri des intempéries ; elles préféraient les petits cours d'eau aux grands, parce qu'il leur était plus facile de pêcher, par exemple, dans les premiers que dans les seconds. Mais à ces époques préhistoriques, aucune des forces actives de la matière, de la terre, n'était utilisée. La terre, en effet, offre des agents naturels de production bien différents. On pourrait les classer en trois grands groupes : 1° les matières inertes; 2° les végétaux ; 3° les forces mécaniques naturelles, telles que les cours d'eau ou torrents, le vent, etc.

Ces trois classes d'agents naturels ne se trouvent pas réparties, dans des proportions qui nous sembleraient normales à nous autres civilisés, sur la surface de la terre. Comme nous venons de le remarquer, certains agents naturels pouvaient paraître avantageux aux yeux du primitif; aujourd'hui ce sont au contraire assez souvent des obstacles. Nous utilisons maintenant le cours des rivières rapides, le vent est un agent mécanique, qui, s'il devient de jour en jour, moins généralement employé, a été pendant longtemps le seul moteur connu pour la navigation; tandis que ces montagnes sur les flancs desquels vécurent les premiers groupes de la race humaine sont autant de murailles naturelles qui s'opposent aux relations commerciales modernes. Les cavernes ne sont plus que des objets de curiosité et l'homme creuse des tunnels pour supprimer la montagne devant sa locomotive, comme il perce des isthmes pour ouvrir de nouvelles routes à ses navires.

La terre offre donc des ressources, des forces qui varient avec le degré de civilisation de l'homme. Ce qui pouvait autrefois paraître un obstacle, une force négative devient une force positive domptée par l'homme. Le progrès dans l'emploi de ces forces naturelles s'est fait du reste d'une façon normale. La matière inerte, le bois mort, la pierre que l'on peut rouler ou porter, a fait d'abord l'objet du premier travail. La pierre servait à masquer l'entrée de la caverne contre les animaux féroces, le bois à confectionner des bâtons, des pieux ou des pièges. La vie végétale attira ensuite l'attention de l'homme. De ce côté cependant, les progrès ont été très lents; et cet agent naturel, la force végétale de la terre, est restée jusqu'à ces derniers temps, une force en quelque sorte inerte aux mains même du civilisé. Il a fallu un progrès général dans les sciences, le développement spécial de la chimie pour perfectionner ou du moins pour conserver cette force naturelle : la vie végétale.

Les agents mécaniques, tels que les eaux courantes, le vent, etc., ont longtemps été les seuls puissantes forces naturelles utilisées. Depuis la découverte de la machine à vapeur, « les routes « qui marchent » comme les appelait Pascal, sont des moyens de locomotion et de transport d'un ordre inférieur. L'homme arrache au sol ses richesses, à l'air, à la chaleur, des forces nouvelles; et la terre semble s'user peu à peu elle-même sous l'influence de ses mêmes forces. Elle vieillit, certains de ces agents naturels vieillissent avec elle, mais elle offre toujours des ressources imprévues. Qui aurait pensé, il y a un siècle, que les gisements de charbon inertes au fond de la terre se transformeraient en une force active et serviraient aux transports d'énormes quantités de matières! Si les hautes montagnes sont emportées peu à peu par les avalanches et entraînées en détail par les fleuves vers la mer, si ces fleuves qui doivent leur existence à ces hautes montagnes, contribuent à se diminuer, à s'anéantir eux-mêmes, l'homme a pour remplacer ces forces naturelles, le charbon de terre, l'électricité. A bout de combustible, il brûlera un jour l'air qu'il respire, car pour obéir à la loi physique il est obligé de produire de la chaleur pour obtenir du travail; et comme cette production de chaleur exige elle-même une destruction de matière, il s'ensuit que l'homme, progressivement, consomme les éléments naturels du globe qui peuvent servir à sa vie.

Les avantages particuliers qu'offrent certaines parties de la terre ne sont pas toujours une cause de prospérité pour les peuples qui les occupent. L'homme et les sociétés sont façonnés surtout dans la lutte pour la vie par les difficultés et les obstacles. Tel pays qui paraissait, au premier abord, devoir être difficilement habité, est devenu une contrée riche grâce au génie et à la ténacité de ses habitants. Ailleurs, au contraire, dans des coins de terre où la nature avait réuni, entassé pour ainsi dire des avantages de toute espèce, les luttes intestines ont affaibli, sinon complètement détruit des sociétés placées cependant pour produire avec une grande facilité. Thucydide en a fait l'observation, il y a longtemps : les pays fertiles sont le théâtre de guerres civiles beaucoup plus que les pays à sol ingrat, parce que chacun veut, dans le premier cas, avoir sa part d'une terre sur laquelle il faut développer peu d'efforts.

En résumé, la terre offre à l'homme des forces qu'il organise et oppose souvent à ces mêmes forces. La terre qui fait pousser les moissons fait aussi pousser les mauvaises herbes ; le fleuve qui, canalisé, sert à la navigation, ensable souvent le canal creusé par la main de l'homme. La lutte est continue ; il n'y a point la ressource d'une suspension d'armes comme dans les guerres ordinaires. Il faut vaincre la nature ou être vaincu par elle, et c'est avec les propres forces qu'elle possède qu'il faut la dompter.

On peut donc conclure que là où elle offre le plus de ressources, elle est un avantage pour la nation qui l'habite, étant donné que les autres nations ont une étendue de terrain égale et une force de travail égale.

Une conséquence féconde de cette inégalité : c'est que les diverses nations sont forcées de faire entr'elles des échanges, du commerce pour se procurer les différents objets que ne produisent pas les territoires qu'elles occupent.

§ 2. — *Le Travail de l'Homme.*

Malgré que le premier facteur de la production, la terre, soit varié à l'infini dans ses aspects, le second facteur, l'homme, présente peut-être, encore plus d'éléments divers à l'analyse. Aussi n'oublierons-nous pas, comme nous l'avons dit au commencement de ce cours que nous n'avons en vue ici que l'homme, agent économique. Pour produire, l'homme agit avec toutes les forces dont il dispose, et il n'est point de genre de travail dans lequel il ne déploie dans différentes proportions, il est vrai, ces forces unies entr'elles.

L'homme a une force musculaire, une force intellectuelle, une force morale. Chacune de ces forces a des puissances différentes chez chaque individu, mais, à moins de considérer l'idiot, elles sont indivisibles dans l'action bien qu'à des degrés variables et divers.

L'ouvrier qui manie un outil fait un effort musculaire plus grand qu'un effort intellectuel, néanmoins il développe une certaine intelligence dans l'accomplissement de sa tâche. De même si cet ouvrier n'est pas isolé comme Robinson Crusoé, par exemple, ce qui est une hypothèse rare, il développe aussi une force morale, l'observation de la discipline imposée dans l'atelier, etc. L'ingénieur l'inventeur, le chimiste, ne peuvent supprimer absolument le travail musculaire si petit qu'il soit. L'un fait des croquis, s'il ne dessine pas, l'autre ajuste ses appareils, etc., etc.

L'homme, agent économique irréductible, possède à des degrés différents, et emploie, suivant ses moyens les forces suivantes, que nous appellerons chacune un travail ou un agent de puissance productive :

1º Le travail musculaire ;

2º Travail moral d'épargne ;

3º Le travail d'invention qui produit :
- a. L'art industriel.
- b. L'arrangement d'atelier.
- c. L'arrangement de la société.

Nous n'avons pas à rechercher l'origine de ces forces, nous avons à constater leur action, à mesurer leur effet, à déterminer leur direction. D'autres sciences s'occupent du développement et de l'augmentation de chacune de ces forces. L'hygiène, par exemple, indique les moyens de développer ou de conserver la force musculaire et aussi la santé générale. La physique, la chimie, les mathématiques développent l'esprit d'invention. L'Histoire, la Morale fournissent à l'Économie politique ses éléments, ainsi que le Droit, pour *arranger* cette petite société qui s'appelle l'atelier et ce grand atelier qui s'appelle une nation. Cet arrangement dans l'un et l'autre cas, s'il est conforme aux lois scientifiques de l'Économie politique, tend à augmenter la puissance productive.

Remarque. — Nous ferons observer que des auteurs éminents se sont servis dans l'analyse des éléments de puissance productive de ces expressions : le travail dans l'art des inventions industrielles, le travail dans l'arrangement d'atelier, etc. Assurément ces divers genres de travail sont des éléments de puissance productive ; cependant, pour être plus clair, nous dirons que nous entendons par travail dans l'art industriel, etc., la force acquise dans l'art industriel. Toute invention nouvelle augmente cette force, mais il n'est pas utile que chaque industriel ait inventé une machine à vapeur spéciale pour avoir un moteur dans son industrie. Il se sert des découvertes et ne développe pour cela aucun travail, si ce n'est celui d'un choix raisonné. Chaque découverte vient s'ajouter, en effet, aux forces nées du travail d'invention et généralement arrive à n'être plus — en tant qu'invention — une force gratuite. On ne paie dans une machine à vapeur que les matières premières qui y entrent, les frais de fabrication et le profit du constructeur.

Avant de passer à l'examen de chaque genre d'art produit par des travaux intellectuels d'ordres différents, nous résumerons en une formule générale les éléments de puissance productive. Soient : P la puissance productive générale, A la terre ou agents naturels, T le travail général ou effort de l'homme.

Si nous considérons que la puissance productive est une fonction mathématique de A et de T, qu'elle dépend étroitement de ces deux éléments

et les suit dans leurs variations, nous pourrons
écrire abstraitement :

$$P = f (A T) \quad (1)$$

Si, nous décomposons le travail général en ses
composantes, nous appellerons t_m, le travail
musculaire, t_e le travail d'épargne, t_i le travail
d'invention dans l'art industriel, t_a le travail d'invention dans l'arrangement d'atelier, t_s le travail
d'arrangement dans la société, nous écrirons

$$P = i (A \; t_m \; t_e \; t_i \; t_a \; t_s) \quad (2)$$

Pour satisfaire aux lois scientifiques du développement rationnel tel que les expose l'Économie
politique pure, il faut que cette puissance productive varie : elle peut décroître, croître, demeurer
parfois constante : elle subit en un mot les variations des agents naturels et du travail. Cependant
la terre ou les agents naturels ne varient pas beaucoup par eux-mêmes ; ils représentent un ensemble de forces dont les variations dépendent du
travail de l'homme. On peut donc, à la rigueur,
les considérer comme constants et soumis aux lois
de croissance ou de décroissance du travail sous
ses différentes formes. C'est donc le travail T ou
ses éléments analytiques

$$t_m \; t_e \; t_i \; t_a \; t_s \quad (3)$$

qui doivent se combiner entr'eux, avoir des rapports entr'eux tels, que P, la puissance productive, progresse.

Dans quelles proportions doivent être combinés ces éléments pour que la société prospère normalement ? Nous ne pouvons déterminer exactement ces proportions, trop d'obstacles nous en empêchent. Nous pouvons constater néanmoins qu'elles doivent être toutes positives, c'est-à-dire plus grande chacune que zéro. Nous pouvons encore constater que le travail d'invention en général tend à faire diminuer le travail ou effort musculaire au grand avantage de l'homme et de la société.

Le travail musculaire de l'homme est en effet essentiellement variable, il est aussi très faible relativement aux agents naturels de la terre. Il est, de plus, difficile d'ajouter ensemble les efforts musculaires d'une grande quantité d'hommes. L'on sait le temps et la peine qu'ont coûté à construire les monuments gigantesques de l'Égypte.

Les trois autres genres d'efforts semblent devoir croître progressivement suivant la même loi ; ils ne sont, en effet, que des formes de la puissance spirituelle de l'homme. Nous nous arrêterons spécialement à l'analyse de chacun d'eux, mais auparavant nous dirons quelques mots du travail musculaire.

Travail musculaire. — L'homme normal doit être en état de santé. Si nous observons des ouvriers civilisés adonnés surtout aux travaux où il faut un déploiement de force musculaire ; et que nous les comparions aux sauvages ; nous trouvons que les premiers sont susceptibles d'un effort plus grand et plus étendu. Le travail musculaire entre donc pour une part importante dans les éléments de la puissance productive, puisque les hommes, à mesure que la société progressait, ont eu intérêt à le développer. Aussi, lorsque nous avons dit plus haut que l'esprit d'invention de l'homme tendait à faire diminuer le travail musculaire, nous voulions dire ceci : faire diminuer sa proportion comme quantité dans les éléments de puissance productive. Car si l'on compare le travail musculaire déployé dans la fabrication d'un produit au travail, mécanique, on trouvera une très grande différence en faveur du travail mécanique qui a de plus en plus d'action.

D'un autre côté, si l'on fait la différence de l'effort déployé par un ouvrier civilisé dans une profession à travail musculaire moyen, par exemple, comme celle du mécanicien-ajusteur avec l'effort de la femme du Fuégien (1), que son mari charge de lui trouver des coquillages sur le bord de la mer pour assurer l'existence de la famille et la sienne, l'on trouvera certainement que le civilisé travaille bien plus musculairement. Ce qu'il faut regarder, pour bien comprendre ce phénomène, c'est le produit : énorme chez le civilisé eu égard au travail musculaire, et infiniment petit chez le sauvage.

Travail moral d'épargne. — Capital. — Il faut faire un effort pour épargner, pour ne pas

----

(1) Le Fuégien évite toute fatigue, sa femme est son esclave, elle seule conduit l'embarcation, la construit même, le travail lui est réservé et imposé.

consommer, un effort d'abstinence qui produit une somme de richesses appelées *capital*. Ce mot de capital est un synonyme de richesse. Pris dans un sens plus restreint, il désigne toute accumulation de richesses destinée, par un individu déterminé, à une entreprise quelconque, que ce capital soit employé par celui qui le possède ou prêté à d'autres personnes en vue d'une production future. L'on voit l'utilité du capital dans la production : c'est une force créée et conservée pour l'entrepreneur qui s'évite ainsi la peine de passer un temps long à constituer cet élément de production.

Il est difficile de concevoir la production sans capital. Les outils, par exemple, sont, au début de toute industrie, absolument indispensables. Si d'autres hommes ne prévoyaient pas, ce n'est pas celui qui conçoit une nouvelle entreprise qui pourrait passer sa vie à accumuler ce capital. Il faut que le capital soit prêt à être employé et aucune entreprise ne peut se constituer sans lui.

Nous verrons plus loin que le capital n'est pas, une fois constitué, une force invariable. Des socialistes l'ont appelé du travail *cristallisé*; il faut se souvenir que ces cristaux-là fondent facilement ou tout au moins se modifient profondément.

On pourrait appeler le capital la matière première de toute production; il est toujours produit par l'excédent de la production sur la consommation, causé par un effort plus ou moins grand d'abstinence. Quelque soit le genre d'appropriation de la société il est indispensable. Sa propriété est d'être de facile transformation dans la plupart des cas, de se renouveler incessamment.

Remarque. — On dit ordinairement qu'il y a trois agents ou trois facteurs de production. Le travail, les agents naturels et le capital, ce dernier facteur étant une conséquence du travail d'épargne; nous avons réduit à deux, au début de cette leçon les facteurs de production.

Néanmoins, lorsque l'on considère moins abstraitement la société, on constate que le capital est dans la production un élément spécial et qui, bien que participant des deux autres éléments ou facteurs premiers, a son action propre.

Travail d'invention dans l'art industriel. — Le travail d'invention a fait dans l'art industriel de merveilleux progrès. Il est inutile de les énumérer ici, un cours d'Économie politique n'est pas un cours de technologie. Nous ne faisons encore que constater ce fait que la loi de l'économie des forces offre de ce côté une démonstration complète.

Il y a deux genres d'inventeurs dans l'art industriel : ceux qui, par des recherches scientifiques, font métier d'inventeurs pour ainsi dire, et ceux qui, ouvriers dans un atelier, cherchent à alléger leur peine en modifiant l'outil dont ils se servent. Rien ne se trouve ainsi perdu. Dans les grandes lignes comme dans les détails, l'esprit d'invention compte des chercheurs.

Il faut naturellement mettre au nombre des inventions les nouvelles méthodes en agriculture, les assolements, tout ce qui contribue dans l'art industriel à augmenter la puissance productive.

Travail d'invention dans l'arrangement d'atelier. — De tout temps on a reconnu l'utilité de ce qu'on a appelé plus tard la *division* du travail. Bien avant Adam Smith, Platon dans sa *République*, après avoir constaté que les différentes fonctions d'industrie sont partagées entre de nombreux artisans, décide que la cité organisera la division du travail. Il eût été original de créer un système social dans lequel on eût appliqué de nouveaux principes, mais que penser d'un écrivain qui trouvant un ordre de choses naturel établi, pense à le faire consacrer et étendre artificiellement par un pouvoir politique?

En réalité, le principe de la division du travail issu de la loi d'économie des forces, *obtenir le plus possible avec le moins de travail possible*, est un des liens sociaux — s'il n'est pas le seul — les plus importants. Chaque individu au lieu de produire les différents objets qui servent à ses besoins en produit un, par exemple, en grande quantité, de telle sorte que d'autres individus agissant de la sorte, chacun d'eux a recours à tous les autres, pour satisfaire ses besoins. Si les hommes ont naturellement et nécessairement créé cette coopération, c'est qu'ils y ont trouvé des avantages d'économie d'effort, une puissance productive plus grande par conséquent.

Cette division du travail n'a pas seulement eu lieu pour les corps de métiers: on l'applique dans un même métier, dans un même atelier, pour un produit déterminé. Les exemples classiques ne

manquent pas sur ce sujet. Adam Smith a exposé
cette matière avec une grande précision et une
grande clarté. « Prenons un exemple, dit l'au-
« teur de la *Richesse des Nations*, dans une
« manufacture de la plus petite importance, mais
« où la division de travail s'est fait souvent re-
« marquer ; une manufacture d'épingles.

« Un homme qui ne serait pas façonné à ce
« genre d'ouvrage, dont la division du travail a
« fait un métier particulier, ni accoutumé à se
« servir des instruments qui y sont en usage, dont
« l'invention est probablement due encore à la
« division du travail, cet ouvrier quelqu'adroit
« qu'il fut pourrait peut-être à peine faire une
« épingle dans sa journée, et certainement il n'en
« ferait pas une vingtaine. Mais de la manière
« dont cette industrie est maintenant conduite,
« non seulement l'ouvrage entier forme un mé-
« tier particulier, mais même cet ouvrage est di-
« visé en un grand nombre de branches, dont la
« plupart constituent autant de métiers particu-
« liers. Un ouvrier *tire le fil à la bobille*, un au-
« tre le *dresse*, un troisième *coupe* la *dressée*,
« un quatrième *empointe*, un cinquième est em-
« ployé à *émoudre* le bout qui doit recevoir *la tête*.
« Cette tête est elle-même l'objet de deux ou trois
« opérations séparées : la *frapper* est une beso-
« gne particulière ; *blanchir* les épingles en est
« une autre ; c'est même un métier distinct et
« séparé que de *piquer* les papiers et d'y bouter
« les épingles ; enfin, l'important travail de faire
« une épingle est divisé en dix-huit opérations

« distinctes ou environ, lesquelles, dans certaines
« fabriques, sont remplies par autant de mains
« différentes, quoique dans d'autres, le même ou-
« vrier en remplisse deux ou trois. J'ai vu une
« petite manufacture de ce genre qui n'employait
« que dix ouvriers et où, par conséquent, quel-
« ques-uns d'eux étaient chargés de deux ou trois
« opérations. Mais quoique la fabrique fut fort
« pauvre, et, par cette raison mal outillée, ce-
« pendant, quand ils se mettaient en tracins, ils
« venaient à bout de faire entr'eux environ douze
« livres d'épingles par jour ; or, chaque livre
« contient au-delà de quatre mille épingles de
« taille moyenne. Ainsi, ces dix ouvriers pou-
« vaient faire entr'eux plus de quarante-huit mil-
« liers d'épingles dans une journée, donc chaque
« ouvrier faisant une dixième partie de ce pro-
« duit peut être considéré comme donnant dans
« sa journée quatre mille huit cents épingles.
« Mais s'ils avaient tous travaillé à part et indé-
« pendamment les uns des autres, et s'ils n'a-
« vaient pas été façonnés à cette besogne parti-
« culière, chacun d'eux assurément n'eut pas fait
« vingt épingles, peut-être pas une seule, dans sa
« journée, c'est-à-dire pas, à coup sûr, la deux
« cent quarantième partie, pas peut être la qua-
« tre mille huit centième partie de ce qu'ils sont
« maintenant en état de faire, en conséquence
« d'une division et d'une combinaison convena-
« bles de leurs différentes opérations. »

Il serait inutile de citer d'autres exemples ; l'on
peut du reste en trouver à chaque instant autour

de soi. Une application originale de la coopération complexe ou division du travail a été celle organisée par M. de Prony pour la confection de tables de logarithmes.

L'on a donné, avec juste raison, le nom de coopération complexe à la division du travail. Cette dernière appellation trop vague n'expliquait qu'imparfaitement ce phénomène. Etant donné que coopération simple signifie union de plusieurs actes individuels de même nature dans un but commun, la coopération complexe est l'union de plusieurs actes différents concourrant aussi à un but commun. Deux ou plusieurs hommes unissent leurs efforts pour porter ou traîner un fardeau, il y a là coopération simple ; si ces mêmes hommes font chacun une partie différente d'une épingle, par exemple, la coopération devient complexe.

La coopération complexe, comme on le voit, tend de plus en plus à faire dépendre les hommes les uns des autres ; elle les soude pour ainsi dire entr'eux, et rend le mécanisme social de plus en plus compliqué et le retour vers l'état de nature· de plus en plus difficile.

L'accroissement considérable de force productive qui vient de la coopération complexe, a plusieurs causes principales que nous énumérons ici sans entrer dans l'analyse de chacune d'elles.

1º L'homme habitué à répéter chaque jour une même opération simple, acquiert en peu de temps une grande habileté de main.

2° Ce même homme employé continuellement au même travail cherche des perfectionnements aux outils ou même des modifications avantageuses au produit qu'il contribue à créer.

3° Il y a économie de temps pour les ouvriers, qui épargnent une nouvelle mise en train à chaque changement d'occupation. Les outils eux-mêmes ne chòment pas et le capital qu'ils représentent produit presque continuellement.

4° L'apprentissage d'une opération simple devient plus facile; il devient donc aussi plus facile de passer d'une opération à une autre et d'éviter le chômage. Aujourd'hui, par exemple, les menuisiers qui conduisent les machines outils peuvent travailler indistinctement pour le bâtiment ou le meuble.

5° Enfin la division des occupations permet d'utiliser les aptitudes de chacun. L'on peut choisir entre un plus grand nombre d'occupations.

Remarquons que contrairement à ce qui se passe dans l'industrie, le commerce semble au contraire centraliser aujourd'hui, dans d'immenses bazars les marchandises de toutes natures. On comprend aisément cette tendance. Les vendeurs peuvent changer de comptoir et de marchandises tous les jours car ils n'ont qu'à livrer à l'acheteur une marchandise dont le prix est marqué à l'avance. Encore y a-t-il dans ces grandes maisons commerciales, indépendamment de la centralisation énorme qu'elles opèrent, une division du travail nécessitée par l'administration et le contrôle de grandes opérations.

Travail d'art dans l'arrangement de la société. — La bonne organisation d'une société favorise la production, en d'autres termes augmente la puissance productive de cette société. Nous ne pouvons qu'indiquer ici cette influence que nous étudierons lorsque nous aborderons la consommation et la distribution des richesses ainsi que leur appropriation.

L'Économie politique enseigne précisément quelles doivent être les meilleures conditions d'organisation pour une société, comme pour l'humanité entière, dans l'étude des différents systèmes d'appropriation.

Comme nous l'avons vu dans cette analyse, chaque élément de puissance productive doit être positif, c'est-à-dire exister, pour que cette puissance ait un développement normal. Il est bien évident qu'une société qui réunirait tous les éléments de puissance productive, chaque élément de puissance productive étant plus grand que celui d'une nation voisine, aurait une puissance productive plus grande. Le plus souvent cette condition scientifique du développement normal ne se rencontre pas. Chaque nation, chaque société, possède à des degrés différents ces éléments; il serait donc plus exact de dire que celle qui réunit le plus d'éléments avantageux a le plus de puissance productive.

C'est la conséquence de ce principe de mécanique qui dit que l'action d'une force est proportionnelle à son intensité. Nous dirons, nous : *La production est proportionnelle à la puissance productive.*

Et si nous cherchons la formule d'accroissement de la Richesse suivant ce que nous savons déjà des facteurs qui concourent à la production, nous pourrons, comme M. Courcelle-Seneuil, écrire en appelant R la richesse, e_p l'effort ou travail considéré comme peine, t le temps, P la somme des produits

$$R = \frac{P - e_p}{t} \quad (a)$$

e_p, l'effort ou travail, doit être considéré évidemment comme une peine, et nous avons vu que l'homme tendait par les ressources de son intelligence à diminuer cette peine. Il n'y a pas là contradiction avec ce que nous avons dit plus haut de l'accroissement de la puissance productive par l'accroissement de travail dont l'homme était de plus en plus capable, et au point de vue musculaire et au point de vue intellectuel.

Nous prenons cet exemple pour mieux faire comprendre notre pensée. Un ingénieur construit un pont. Les mathématiques doivent entrer pour une grande part dans ses études, pour qu'il puisse effectuer son œuvre; néanmoins, il ne recommencera pas les calculs déjà faits et connus, il se contentera d'appliquer les formules, d'*économiser* son temps et sa force intellectuelle en usant d'ouvrages spéciaux. La puissance productive croît avec la puissance des mathématiques, mais elle croît aussi avec la rapidité avec laquelle l'ingénieur en fait l'application. C'est l'art industriel en un mot, fruit du travail antérieur.

Si l'on fait varier les quantités dans la formule (a), on voit que R augmente quand P augmente, e_p et t étant constants, ou encore lorsque P étant constant, e_p diminue, etc., etc.

3me LEÇON.

PRODUCTION. — LOI DE LA POPULATION.

Position de la question. — Pouvoir de reproduction de l'homme. — La lutte pour l'existence. — Obstacle à l'accroissement de la population. — Les richesses croissent plus lentement que la population. — Fait d'observation : inégalité. — Impossibilité où l'on se trouve d'établir un rapport d'accroissement de ces deux quantités. — La loi de la population n'est pas fatale ; elle est une loi restrictive (1).

Dans l'analyse des éléments de puissance productive, nous avons considéré ces éléments comme agissant normalement avec plus ou moins d'intensité propre dans la lutte de l'homme contre les obstacles physiques inhérents à la terre. Aussi avons-nous supposé la population du globe invariable. Cependant elle varie, et ce sont ces variations qui viennent compliquer les phénomènes économiques de la production et de la consommation.

Non seulement l'homme trouve en face de lui, dans la lutte pour la vie, les obstacles de la terre, mais il porte en lui-même des obstacles beaucoup plus difficiles à vaincre que les premiers. Si la loi de la pesanteur l'oblige à déployer plus de force pour traîner ou faire traîner un fardeau vers un point élevé ; sa constitution physiologique le

(1) Voir conséquences de la loi de la population dans la 5e leçon.

pousse plus souvent, inconsciemment et parfois de façon irrésistible, à des actes qui modifient profondément l'état de richesse de la société dans laquelle il vit.

Il est bon, pour démontrer la loi de la population, de rappeler quelques-unes des définitions données antérieurement.

Lorsque nous avons défini le travail en général, nous avons vu que l'homme pouvait produire, en se servant de toutes les forces mises à sa disposition par la nature. Nous avons dit aussi que le *capital* était une somme d'utilités, de richesses matérielles mises de côté pour être employées dans de nouvelles entreprises de production. Nous savons que l'homme, s'il produit beaucoup plus que pour ses besoins, a un excédent qu'il conserve en déployant un certain effort moral ; nous savons aussi que s'il ne produit pas au delà de ses besoins, il peut cependant par un effort moral plus grand *économiser*. Ce sont là évidemment deux mêmes façons de constituer un capital.

L'homme vivant de revenus, ces revenus (salaires, paiements de services, rentes ou produits du capital) varient, nous l'avons vu, dans l'analyse de la puissance productive avec les différents éléments qui la composent, et sont proportionnels à la puissance productive.

Voilà donc une quantité que nous appellerons *revenus* et dont nous connaissons la source et les causes de variation propres.

Considérons maintenant la population, et tout d'abord constatons que le pouvoir physiologique de reproduction de l'homme est indéfini, comme celui du reste des animaux. Il suffit de voir dans l'ordre végétal avec quelle rapidité se reproduisent certaines plantes et, dans l'ordre animal, comment peuplent certains poissons comme le hareng, par exemple, pour se faire une idée de la force de conservation des êtres organisés. Il faut se reporter aux études de Darwin et constater avec lui combien ce pouvoir de reproduction doit être puissant pour permettre de renouveler incessamment les vaincus si nombreux de la lutte pour l'existence. Très certainement la terre ne suffirait pas pour nourrir tous les êtres engendrés appartenant à toutes les espèces, si la majeure partie ne disparaissait pas dans la bataille continue que se livrent les êtres.

L'homme subit la même loi de reproduction rapide, à un degré moindre peut-être que la plupart des animaux, mais à un degré suffisant pour rendre cette lutte pour la vie difficile et parfois cruelle. Et s'il n'a point autant de force de reproduction que certains êtres, il faut considérer que l'homme est très long à élever, qu'il faut un temps assez considérable pour le rendre apte à un travail productif. Or, pendant ce temps, il vit et consomme des richesses sans en produire, car il prend les besoins de l'époque et du milieu dans lesquels il naît.

Il existe encore relativement aux variations de population des différents êtres organisés, avec l'homme des causes d'une autre nature. L'animal se reproduit inconsciemment, l'homme à mesure qu'il se civilise tend à prévoir, à juger des ressources dont il pourra user pour augmenter sa famille ; « la crainte du besoin, plus que le besoin « lui-même le fait agir dans ce sens, a dit J. Stuart-« Mill. » Et cette observation est fort juste.

Le nombre des animaux est réduit uniquement par les morts causées par les luttes des espèces entr'elles, luttes violentes comme des guerres, luttes latentes, comme celles où les faibles périssent faute de nourriture suffisante et offrent aux épidémies un degré de receptivité plus grand que ceux mieux doués, mieux placés, plus forts en un mot. L'homme est de même décimé parfois par les épidémies et les guerres, mais s'il ne peut supprimer ni les unes ni les autres, au moins se défend-t-il contre les épidémies avec quelques succès, et tend-il à ne plus vivre continuellement en état de guerre comme autrefois. L'observation de Pascal peut trouver sa place ici : la supériorité de l'homme sur l'univers est de savoir qu'il est compris entre deux infinis, qu'il doit disparaître un jour, tandis que les animaux n'en savent rien ; s'il ne peut se rendre éternel, il peut reculer la date de sa disparition et cela au grand avantage de la puissance productive, s'il a appris à conserver ses forces musculaires et intellectuelles. L'homme est attaché à la vie, et malgré l'exception relativement rare des suicidés, il lutte jusqu'au bout pour vivre. Il peut donc avec la connaissance des lois naturelles qui dirigent le développement de la richesse et de l'humanité, prévoir dans une certaine mesure et éviter les conséquences si terribles, pour les imprévoyants, de ces mêmes lois naturelles.

Enoncer ce principe que la production est proportionnelle à la puissance productive, c'est dire que chaque enfant qui naît n'étant pas un agent de puissance productive immédiat, abaisse l'intensité des forces de la puissance productive. L'homme vint-il même au monde tout prêt à produire, qu'il serait encore une cause d'abaissement de la puissance productive puisqu'il n'est que l'un des facteurs de la production et qu'il est obligé d'agir sur cet autre facteur qui s'appelle la terre, lequel n'est pas, comme nous le verrons dans la loi suivante, celle de la Rente, un facteur qui donne un produit proportionnel à tout effort déployé. De plus, l'observation nous apprend que la population croît plus rapidement que les richesses. Sans doute une nation prospère peut avoir en réserve des capitaux, des subsistances; dans ce cas, la population peut croître dans une certaine limite, mais elle s'arrête forcément à cette limite si la production des richesses ne continue pas à croître aussi vite que cette population.

Du reste la loi n'est pas fatale; à mesure que la puissance productive croît, la population la suit dans cette croissance. Il fallait aux peuples chasseurs de grands espaces pour vivre; 15 ou 16 kilomètres carrés parfois ne suffisaient pas à un homme. Peu à peu, avec les progrès dans l'art industriel, les peuplades et les tribus ont pu vivre sur des territoires de plus en plus restreints, quoique cependant les besoins des individus qui les composaient devinssent aussi de plus en plus nombreux. Néanmoins, malgré la puissance de cet art industriel, malgré les ressources nouvelles que l'homme découvre et utilise, les richesses ne peuvent arriver à croître aussi rapidement que la population.

Nous ne savons — et nous ne pouvons savoir — dans quelles proportions croissent les richesses, ni comment croît la population. La reproduction est indéfinie et n'est soumise, quant au développement, à aucune loi que nous connaissions. La richesse, qui dépend de la production, laquelle est elle-même proportionnelle à la puissance productive, varie avec les éléments de cette puissance productive. Or, nous avons vu que ces éléments de puissance productive, quoiqu'existant côte à côte, n'avaient pas de développements symétriques ; certains même, comme l'art industriel sembleraient — en introduisant les machines, en réduisant relativement le travail musculaire — réduire la population, quoique dans la plupart des cas, il tende au contraire à l'augmenter. Puis, l'homme n'est pas un agent économique normal ; guidé le plus souvent par la passion et l'ignorance il ne travaille pas, en général, dans l'arrangement de la société, à rendre cet arrangement conforme aux lois scientifiques. Telle société, avec certaines lois, obtiendra une augmentation de puissance productive, telle autre au contraire une diminution, suivant les conditions dans lesquelles elles se trouvent. Les éléments de la nature eux-mêmes, la chaleur, le froid, les ouragans modifient profondément l'état de richesse d'un peuple en anéantissant ses récoltes. Le problème est indéterminé et ne peut être résolu. La seule observation qui nous soit possible est la constatation d'une inégalité. Si nous appelons $A + \delta$ une population déterminée avec l'accroissement dont elle est susceptible, $r + \delta'$, les revenus au service de cette même population avec l'accroissement qu'ils peuvent prendre, au moyen de tous les éléments de puissance productive, nous écrirons :

$$A + \delta > R + \delta'$$

L'esprit eut été certes mieux frappé si au lieu d'une simple inégalité on eut pu écrire un rapport. Il faut se contenter de ce résultat que notre intelligence ne peut étendre. Malgré les efforts de la statistique, ce problème des rapports d'accroissement de la population et des richesses, sera toujours un problème à solutions indéterminées. Mais on peut tirer, et l'on tire, des conséquences de cette inégalité, comme dans d'autres sciences on le fait à chaque instant. Cette inégalité doit être assez grande puisque nous les constatons au premier abord, sans mesurer les deux termes qui la composent. Deux grandeurs qui se rapprochent de très près, ne nous permettent pas de juger si elles ne sont pas égales ; mais à première vue, par exemple, nous dirons sans qu'ils soient placés l'un près de l'autre qu'un arbre est plus petit qu'un autre, lorsque leur différence est notable ; tel est le fait d'observation que nous avons constaté.

Les premiers économistes qui ont étudié la loi

de la population sont Steuart et Malthus. Ce dernier surtout l'a consciencieusement exposée dans un livre intéressant, l'*Essai sur la population*. Cette loi même porte son nom — un nom sur lesquels les socialistes ont accumulé toutes les erreurs et toutes les haines. Malthus, entraîné comme ceux qui remuent les premiers une idée, par le désir de découvrir une loi mathématique, en a formulé une très connue mais qui n'a pas été vérifiée et que, du reste, il est comme nous l'avons vu impossible d'établir. Il a prétendu et essayé de démontrer que la population croissait en proportion géométrique tandis que les subsistances n'augmentait qu'en proportion arithmétique. Nous avons vu quelles difficultés s'opposaient à l'établissement d'une loi mathématique.

La loi de la population pourrait se formuler ainsi :

L'accroissement de la population est plus rapide que l'accroissement des subsistances ou des revenus destinés à subvenir aux besoins de l'homme; le chiffre de cette population dépend donc du chiffre des revenus. Or le chiffre des revenus étant étroitement lié à la production, et la production étant proportionnelle à la puissance productive, l'augmentation de puissance de ces éléments tend à rendre moins cruelle la loi de la population en permettant à un plus grand nombre d'hommes de vivre. Mais cette progression dans la puissance productive doit être continue pour qu'il n'y ait pas arrêt et même diminution du chiffre de la population. En tout cas, quelle que soit la force des éléments de puissance productive, ils ne peuvent et ne pourraient pourvoir aux besoins de tous les êtres qui pourraient être engendrés, si la reproduction n'était l'objet d'une attention prévoyante de la part de l'homme.

Nous entrerons dans une analyse plus exacte de la loi de la population lorsque nous aurons étudié la loi de la rente et la consommation des richesses. Nous essaierons alors de donner une formule du mouvement de la population, c'est-à-dire des causes qui font diminuer ou augmenter la population.

Cette loi de la population, on peut le dire dès maintenant est, comme on le voit, une loi *restrictive*. Nous allons en examiner une autre dans la leçon suivante : celle de la *Rente*.

4me LEÇON.

PRODUCTION. — LOI DE LA RENTE. LOI DES DÉBOUCHÉS.

Deux phénomènes observés. — Le sol ne rend pas proportionnellement aux capitaux dépensés. — Inégale fertilité des terres ; sens économique du mot *fertilité*. — Dans quelles circonstances se manifeste la loi de la Rente. — Loi des débouchés. — La loi des débouchés est une loi extensive.

I

Nous avons, dans la loi de la population, constaté que malgré tous ses efforts, l'homme ne pouvait étendre sa puissance de telle sorte que la somme des revenus pût suivre dans sa progression la progression possible de la population. Parmi les causes qui limitent l'accroissement de puissance productive de l'homme, il faut remarquer en premier lieu l'impossibilité où il se trouve de faire produire à un terrain donné des récoltes proportionnelles aux efforts déployés.

L'on observe en effet dans la production deux phénomènes inverses :

1° Comme nous venons de le dire, lorsqu'il s'agit de la terre au point de vue agricole ou des industries extractives, l'homme est obligé de déployer un travail de plus en plus grand pour obtenir un supplément de produit.

2° Au contraire, dans tout ce qui dépend des industries manufacturières ou des transports, plus la quantité des produits augmente, moins l'homme est obligé proportionnellement de développer de travail.

Occupons-nous du premier phénomène et voyons comment il se produit.

En raison de ce principe que l'homme cherche à obtenir le plus possible avec le moins de travail possible, ce même homme cultive les terres qui présentent pour lui le plus de facilités étant donnés les moyens ou l'art industriel qu'il possède. Supposons en cet état, un peuple, sur un territoire donné. Comme nous l'avons vu en décrivant cet agent de la production : la Terre, les forces ou avantages qu'elle offre sont fort divers et d'intensité fort inégale, même sur un petit espace. La population de ce peuple augmente d'un quart par exemple; il faudra donc augmenter la production, élargir la puissance des éléments de production. Comme c'est de l'agriculture que les peuples civilisés tirent les subsistances nécessaires à la vie, il s'ensuit que c'est à la terre que ce peuple demandera un accroissement de force productive. Or il y a deux moyens de rechercher cet accroissement :

1º En augmentant le pouvoir de rendement des terres déjà cultivées au moyen d'un *art industriel* plus perfectionné, au moyen des engrais chimiques mieux appropriés à la nature des sols, de la sélection des semences, etc.

2º En défrichant des terres non cultivées, en étendant la surface d'ensemencements.

Remarquons que les deux cas se présentent

généralement; qu'en même temps que les terres déjà cultivées sont amendées davantage, des terres nouvelles ou des terres, soumises avant, à la jachère, par exemple, sont cultivées chaque année.

Dans le premier cas, il peut y avoir inégalité des terres de deux manières, au point de vue de la *fertilité* comme nous l'entendons en Économie politique.

Une terre peut être fertile à cause de la constitution chimique de son sol, ou parce qu'elle est rapprochée du marché d'écoulement de ses produits ou encore parce qu'elle est plus facile à cultiver au point de vue de la main-d'œuvre.

Dans le second cas, les terres les dernières cultivées sont toujours réputées moins fertiles que les premières, étant donné que l'art industriel ne fait pas de progrès; il faut toujours alors développer un effort, un travail plus considérable pour obtenir l'unité de produit que donnent les terres plus fertiles.

On voit donc que tant que l'art industriel n'augmente pas, cette augmentation de peine dans le travail de l'homme accroît les difficultés de production pour les derniers venus dans l'agriculture.

Il importait de bien préciser ce qu'on l'on entend par *inégale fertilité* des terres; parce qu'à ne s'en tenir qu'à l'acception du mot *fertilité* pris dans le sens où le prennent les chimistes, on courrait le risque d'accumuler beaucoup d'erreurs. Ricardo qui, le premier, a défini d'une façon scientifique la loi de la rente n'a pu cependant éviter les critiques sur ce point; et un économiste américain, M. Carey, a combattu avec énergie, sinon avec succès, cette théorie de la loi de la rente. La loi de la rente effectivement est moins sensible aux États-Unis que partout ailleurs, aussi n'est-il pas étonnant que cet écrivain n'ait pu en sentir et en voir des effets décisifs.

Nous avons vu que la loi n'était pas fatale puisque l'art industriel peut modifier de bien des façons la fertilité des terres. Les moyens de transports par voie ferrée, par exemple, font de terrains auparavant peu cultivés de la Bretagne des terres dont les produits viennent à Paris faire concurrence aux produits eux-mêmes des terrains des environs de Paris. Avant les voies ferrées, par sa position, le terrain avoisinant Paris, avait une force productive plus grande et une rente plus élevée, un avantage gratuit, comme nous le verrons plus tard lorsque nous examinerons les conséquences de la loi de la rente et de la loi de la population.

Il faut aussi rappeler une objection de fait, qui est réfutée par la définition plus générale du sens du mot fertilité. « Historiquement, a-t-on dit, l'homme a cultivé les plateaux et non les vallées et les terres fortes, or ce sont ces dernières qui sont les plus fertiles ». Oui, si l'on s'en tient à la force de productivité chimique du sol ; non, lorsque l'on considère ce que *pouvait* faire le premier agriculteur muni d'instruments agricoles rudimentaires. L'histoire, au contraire, prouve bien que l'homme a toujours obéi à ce principe : obtenir le plus possible au moyen du moindre travail-peine, possible.

Est-il besoin de dire que la loi de la rente se fait surtout sentir dans les pays anciennement civilisés, c'est-à-dire dans ceux où les terres sont sinon toutes, du moins en grande partie cultivées. Là, la culture *intensive* est seule possible; ailleurs, comme en Amérique, par exemple aux Etats-Unis la culture *extensive* est la plus avantageuse.

Si l'art industriel tend à rendre moins dure la loi de la rente elle ne la supprime pas tout d'un coup. L'art industriel ne fait pas toujours des progrès continus et proportionnels, nécessairement, aux besoins de l'humanité. Les chemins de fer, par exemple, ne sont qu'une invention d'hier, et pendant longtemps les plaines qui entourent Paris comme la Beauce, ont joui des avantages de la loi de la rente.

D'un autre côté, la multiplicité des besoins nouveaux de l'homme et l'augmentation croissante de ces besoins tendent à donner l'extension au contraire à la loi de la rente.

Prenons un exemple. Autrefois, la consommation du lait était assez restreinte ; aujourd'hui sous l'influence des hygiénistes, elle a beaucoup augmenté. Le nombre des vaches est plus grand nécessairement. Nécessairement aussi, il faut consacrer aux herbages ou aux prés une plus grande étendue de terrain. Parmi ces terrains, beaucoup pouvaient être ensemencés en blé. La production du lait qui paraît plus rémunératrice réduit donc l'étendue des terres consacrées aux céréales ou tout au moins est un obstacle à leur extension.

II

Le second phénomène observé est le contraire de la loi de la rente. Au lieu d'être une cause restrictive il est essentiellement une cause extensive de la puissance productive.

Si les besoins, en augmentant, forcent l'homme au point de vue de la culture de la terre, à développer proportionnellement plus de travail pour avoir un supplément de produit; dans l'industrie, il en est autrement. Plus les besoins s'étendent, plus la production est grande pour un même produit, moins ce produit demande d'effort; plus, de ce côté, par conséquent, s'accroît la puissance productive. Il suffit de citer l'exemple de la fabrique d'épingles donné par Adam Smith; de considérer aussi que plus un objet identique est reproduit de fois, moins sa production exige d'efforts, de frais.

Un livre écrit à la main coûterait énormément cher. Si on l'imprime et que l'on considère le premier volume sorti des presses, ce volume aura un prix très élevé; mais à mesure que monte le tirage, le prix du volume diminue. Il en est de même pour les boîtes fabriquées à l'emporte-pièce. Si, pour une boîte ou deux l'on était obligé d'acheter une machine, le prix de ces deux boîtes serait exorbitant; si on les fabrique par milliers, le prix baisse jusqu'à devenir très petit. Il en est de même pour les transports par chemins de fer et, en général, pour toutes les industries qui ne

sont pas l'agriculture ou des industries extractives.

Relativement à l'agriculture, la loi des débouchés tend à diminuer là où ils se produisent, les
effets de la rente du sol. Nous l'avons vu pour les
chemins de fer qui transportent avec un travail
très petit, c'est-à-dire à des prix relativement
faibles, des quantités énormes de produits agricoles, et les lourdes machines nécessaires aux
cultures perfectionnées.

La loi des débouchés tend donc, en définitive,
à resserrer les liens qui unissent les hommes en
société et à étendre les rapports internationaux.
Les débouchés augmentent en même temps que
la division du travail. Sous cette influence, la
population s'agglomère, par cette raison que la
distance crée des obstacles aux débouchés. C'est
pourquoi les villes, avantageusement placées
comme situation, voient leur population augmenter, parce que la division du travail pouvant s'y
développer jusqu'à ses limites extrêmes, donne
des produits à bon marché qui, sollicitent le consommateur, et l'attirent. Ces deux causes : division du travail et débouchés, agissent donc réciproquement l'une sur l'autre pour étendre la
puissance productive et la production.

Pour que la loi naturelle des débouchés s'applique, pour qu'elle ait un résultat favorable, il
faut supposer que les co-échangistes sont libres.
C'est de ce principe que nous tirerons, plus loin,
le corollaire important de la liberté du travail et
de la liberté des échanges, car ce qui constitue

le débouché lui-même, c'est la consommation.

Aux colonies, dans celles où de vaste espaces restent inoccupés, où la population est très clair-semée, la loi des débouchés agit en sens inverse de la loi de la rente. La loi de la rente ne se fait pas sentir, en effet, dans ces pays neufs où les terres abondent et ne coûtent guère, le plus souvent, que le défrichement. Là les colons-agriculteurs font surtout de la culture extensive. A cause de cela, ces colons se répandent de tous côtés, *s'éparpillent*, de telle sorte que les rapports entr'eux deviennent assez difficiles. De plus, la population étant restreinte en comparaison des espaces occupés, les débouchés se trouvent peu importants et les centres des débouchés trop éloignés les uns des autres. Or, dans le début, la construction des voies de communication est assez lourde pour des colons peu nombreux. Les débouchés présentent des obstacles par suite des dépenses dues à la construction de voies de transports. Mais bientôt, sous cette pression, les villes se fondent, se peuplent rapidement, et, peu à peu, d'agricoles qu'elles étaient, ces colonies deviennent manufacturières. Les États-Unis sont un exemple de la manifestation de ce phénomène.

C'est à J.-B. Say que l'on doit la théorie des débouchés ; il l'a surtout développée dans ses conséquences relatives à la liberté commerciale.

LA CONSOMMATION
DES SYSTÈMES D'APPROPRIATION.

Les différentes consommations : personnelles, industrielles, reproductives, improductives.—Capitaux fixes, circulants. — Emploi des capitaux. — Luxe. — Formule de la loi de la population. — Appropriation des richesses. — Deux systèmes types : par autorité, par liberté.

I

La seconde phase de la vie économique est la *consommation*.

L'on produit pour consommer et l'on consomme pour vivre et pour produire. Si la production présente des phénomènes complexes, la consommation est plus simple. En fait, il est plus facile de détruire une utilité ou de la diminuer que de la créer ou de l'augmenter.

Nous avons vu au commencement de la première leçon, dans les définitions que l'utilité étant un rapport entre l'homme et la chose, pouvait varier soit par le fait de l'homme, soit par celui de la chose.

Les consommations qui ne sont pas le fait de l'homme et qui résultent d'un accident, comme l'écroulement d'une maison, une inondation, un naufrage, sont des destructions d'utilité qui, parfois, sont dues au hasard, et, dans d'autres cas, sont causées simplement par la négligence, le manque de précautions, de surveillance. Ce sont des consommations involontaires. Comme elles ne sont profitables à personne, elles rentrent dans la classe des consommations dites improductives, et, par conséquent, abaissent la puissance productive.

Les consommations que l'homme fait volontairement sont de deux sortes :

1° Les consommations personnelles ;

2° Les consommations d'industrie.

En somme, la consommation telle qu'elle est conçue scientifiquement par l'Economie politique ne devrait être qu'une *transformation* de force.

Prenons, par exemple, les besoins personnels et parmi eux, les besoins d'alimentation. La consommation de pain, de viande, de vin, d'alcool parfois, est nécessaire à l'homme pour soutenir ses forces et même pour les augmenter afin qu'il puisse continuer à travailler, c'est-à-dire à produire. Pour les besoins du vêtement et de l'habitation, il en est de même. Comme en physique suivant la théorie mécanique de la chaleur, toute force produite chez l'homme ne l'est qu'au dépens d'un travail détruit, d'une consommation. Or, cette force lui sert de nouveau à reconstituer celles qu'il a précédemment détruites. Il y a donc là transformation de *forces*. Si l'homme consomme plus qu'il ne reproduit, il y a pour lui abaissement de richesse et, dans certains cas, abaissement de puissance productive. C'est pourquoi la nature de la consommation importe beaucoup.

Nous appellerons *consommations personnelles reproductives* les consommations servant à satisfaire les besoins personnels d'un homme quand ces besoins doivent être satisfaits sous peine d'une diminution de santé, de force pour lui. Sont, au contraire, *consommations personnelles improductives* toutes celles qui n'ajoutent rien à sa force et à sa santé qui sont, comme on le dit vulgairement, inutiles. Parmi ces consommations il faut ranger toutes les consommations de luxe.

La limite des consommations personnelles reproductives et des consommations personnelles improductives est difficile à établir exactement. Ce qui est *luxe* pour un tempérament fort, au point de vue de l'alimentation, n'est que nécessité étroite pour un tempérament faible.

Cette limite existe cependant, et si la science la définit, elle ne peut la déterminer dans chaque homme puisqu'elle varie avec chaque individu. Malgré cela, il est des consommations improductives que l'on peut distinguer très facilement : le faste des cours, par exemple, toutes les dépenses qui n'ajoutent, en un mot, ni pour l'avenir ni pour le présent une force à l'homme et, partant, à la société.

Dans les consommations personnelles, l'utilité périt tout entière pour servir à reconstituer la force propre de l'homme. Parfois, plus la consommation est lente, plus l'homme économise de richesses ; le temps devient alors un facteur important. Une paire de souliers qui dure long-temps, un habit qu'on porte pendant des mois, évitent de nouveaux achats et donnent à celui qui les use plus de temps pour pouvoir les remplacer. D'autres fois, il faut que la consommation person-nelle soit rapide pour être profitable à l'homme, cela a lieu pour l'alimentation.

Les consommations *industrielles* sont d'un autre ordre. On appelle ainsi plutôt des *transformations* de matière; là, l'utilité ne disparaît pas, elle ne fait que s'ajouter à une autre. Il en est ainsi de l'étain que l'on a mis sur une casserole pour l'étamer. Il y a cependant des cas où l'utilité périt entièrement dans la consommation industrielle et ne se reproduit que comme une simple force. Le charbon de terre, par exemple, qui sert à chauffer une machine à vapeur, produit une force qui peut être appliquée à un nombre infini de productions. Elle se rapproche de la transforma-tion de force produite chez l'homme par la con-sommation personnelle reproductive, mais une différence les sépare : on peut calculer exactement la force produite par une quantité déterminée de charbon de terre consommée pour alimenter une machine à vapeur, tandis qu'il est impossible de mesurer, même approximativement, la force qui résulte de telle quantité d'aliments absorbés par un homme.

Aussi pouvons-nous trouver là une vérification de notre définition des richesses et conséquem-ment des *capitaux*.

Les matières employées dans la consommation

industrielle ne périssent pas en tant qu'*utilité*, elles se transforment et quelque soit leur mode complexe de transformation, on peut toujours les évaluer et les suivre, les mesurer parce qu'elles sont matérielles. Il n'en pas de même des aliments chez l'homme ; les aliments lui conservent en effet deux forces, la force physiologique, la force intellectuelle, impossibles toutes les deux à évaluer.

Du reste, les richesses-capitaux ne restent richesses-capitaux que pendant leurs transformations industrielles ; aussitôt qu'elles sont livrées aux consommations personnelles que nous appellerons *reconstitutives*, elles deviennent, suivant les cas, des *richesses-revenus*, c'est-à-dire des richesses destinées à être détruites en tant qu'utilité par l'homme personnellement.

Nous avons dit plus haut que les consommations personnelles qui tendent à reconstituer sous des formes différentes l'utilité détruite, à se transformer en richesses nouvelles, étaient généralement de durée relativement longue. Les besoins immédiats de l'homme demandant à être satisfaits de suite, la consommation est alors rapide. Mais dans la succession des opérations qui préparent le produit pour en faire, par exemple, un aliment comme la viande, il y a des consommations lentes tendant toutes à être reproductives comme les bâtiments des écuries et des étables, les charrettes pour transporter la nourriture du bétail, etc., etc. Ces différents objets se transforment en viande. Le producteur est, en effet, obligé de tenir compte des réparations faites à ses immeubles, de leur dépréciation et de l'usure de tous ses outils.

Ces objets à consommation lente s'appellent *capitaux fixes.*

Les objets au contraire qui se transforment rapidement sont dits *capitaux circulants.*

Nous verrons plus loin et plus en détail quel est leur rôle à chacun dans la production et quelles règles générales doivent être appliquées dans leur emploi.

II

Lorsque les consommations reproductives reproduisent une somme de richesses supérieures à celles consommées, l'excédent qui en résulte constitue une épargne s'il n'est pas consommé *improductivement.* Dans ce cas, cette épargne vient s'ajouter au capital existant pour être de nouveau transformé ou consommé reproductivement. Mais suffit-il d'épargner, c'est-à-dire de faire capitaux fixes, cette épargne, pour que les consommations reproductives suivent une progression croissante et continue ? Il n'en est pas ainsi. Les consommations reproductives ont des limites. Ces limites sont déterminées par les besoins actuels et l'art industriel chargé de les satisfaire.

Les consommations reproductives, avant la construction des lignes de chemin de fer, dans les quelques années qui ont précédé cette construction, avaient une limite assez étroite si l'on considère l'industrie des transports. Aussitôt le problème relatif à la traction par la vapeur résolu, cette limite s'est beaucoup reculée. L'emploi de capitaux en vue de consommations reproductives, c'est-à-dire de constructions de lignes ferrées et de matériel destiné à les exploiter, s'est subitement accru. Cette consommation reproductive a fait appel à l'épargne, et elle aura comme limite la somme totale nécessaire pour construire les réseaux nécessaires eu égard aux autres productions du pays. N'empêche que cette limite existe et que l'art industriel seul peut la reculer.

Le progrès du reste ne se fait pas en industrie, c'est-à-dire dans l'art, comme en science. Les savants poursuivent leurs recherches de façon continue ; une découverte, une machine est à peine mise en travail qu'ils cherchent à trouver un perfectionnement. Or comme l'industrie ne peut remettre au lendemain l'achat de machines sous prétexte, que celle d'aujourd'hui sera inférieure à celle de demain elle prend la machine qui satisfait *actuellement* à ses besoins et la fait servir un temps plus ou moins long, jusqu'au jour ou la nouvelle invention reconnue supérieure vient remplacer l'ancienne.

III

Il y a différentes manières d'employer les capitaux. Turgot en a compté cinq. Nous ne pouvons du reste mieux faire que de citer ce passage du grand économiste qui a su si bien serrer en un style concis, des démonstrations claires et fortes.

« J'ai compté, dit-il, cinq manières d'employer
« les capitaux.

« La première est d'acheter un fonds de terre
« qui rapporte un certain revenu.

— « La seconde est de placer son argent dans
« des entreprises de culture en affermant des
« terres, dont les fruits doivent outre rendre, le
« prix du fermage, l'intérêt des avances et le
« prix du travail de celui qui consacre à leur
« culture ses richesses et sa peine.

— « La troisième est de placer son capital dans
« des entreprises d'industrie et de fabriques.

— « La quatrième est de le placer dans des
« entreprises de commerce.

— « Et la cinquième est de le prêter à ceux
« qui en ont besoin, moyennant un intérêt.

« Il est évident que les produits annuels qu'on
« peut retirer des capitaux placés dans ces diffé-
« rents emplois sont bornés les uns par les autres
« et tous relatifs à l'intérêt de l'argent. »

Turgot établit que : 1° l'argent placé en terre
doit rapporter moins ; 2° que l'argent prêté doit
rapporter un peu plus que le revenu des terres
acquises avec un capital égal ; 3° que l'argent
placé dans les *entreprises* de culture, de fabrique
et de commerce doit rapporter plus que l'intérêt
de l'argent prêté. — Ce ne sont que des conséquences des lois de la rente pour les deux premiers
cas, et des débouchés pour le troisième.

— Les dépenses de luxe sont des dépenses

improductives ; elles sont en général la conséquence de l'enrichissement rapide ; si elles semblent tout d'abord faire appel au travail, elles ont comme résultat d'appauvrir en définitive la société. Frédéric Bastiat a démontré cette proposition dans un petit opuscule fort connu : « *Ce qu'on voit et ce qu'on ne voit pas.* »

Il suffit pour montrer combien sont improductives les dépenses de luxe de prendre un exemple.

Une personne donne une soirée, une fête. Elle dépense pour cette réjouissance qu'elle offre gratuitement à ses amis, 2,000 francs. En échange de ces 2,000 francs, elle recevra des pàtisseries, des vins fins, des liqueurs et aussi une foule d'objets d'ornements qui ne lui serviront jamais plus. Que restera-t-il le lendemain de la fête ? quelques tentures déchirées, des bouteilles vides, des bouts de bougies, etc. Estimons le tout à 100 francs, ce qui est déja exagéré, il y a donc 1,900 francs qui ont disparu. Certainement, les liquoristes, glaciers, tapissiers auront touché comme paiement la somme de 2,000 francs, mais ces 2,000 francs ne sont plus représentés que par des débris. Cela dit-on *fait aller le commerce.* Cependant, si les 2,000 francs de cette personne avaient été employés suivant l'une des cinq manières indiquées par Turgot, les résultats eussent été tout autres. Supposons que ces 2,000 francs aient servis à faire des améliorations foncières. Comme pour la soirée, des ouvriers eussent été employés et rétribués, pour avoir creusé des fossés, etc., etc.; des industriels eussent vendu des tuyaux de drainages, des engrais chimiques, etc., etc. Les 2,000 francs une fois dépensés, il serait resté, au propriétaire, ces améliorations qui auraient augmenté la puissance productive de sa propriété. Cette propriété produisant davantage, il eut fallu dans la suite plus de main d'œuvre pour les récoltes, et ces récoltes étant plus abondantes auraient apporté une plus grande quantité d'aliments sur le marché, et contribué comme nous le verrons plus loin, à la baisse des prix, ce qui n'est pas un mince avantage pour le consommateur qui vit de son travail.

Il faut cependant reconnaître que certaines dépenses de luxe tendent à créer des besoins qui causent la fondation de beaucoup d'industries, mais ces dépenses de luxe ont surtout en vue des objets qui *durent*, des objets de toilette par exemple. L'on pourrait plutôt dire que ces dépenses sont des dépenses de bien-être, de confortable, que des dépenses de luxe, quoiqu'elles aient au point de vue de la puissance productive qu'un avantage : celui de forcer ceux qui les font à déployer un effort plus grand pour les acquérir.

Formule de la loi de la population. — Nous pouvons, maintenant que nous avons analysé le phénomène de la consommation, essayer de traduire algébriquement la loi de la population.

Nous savons que ces deux quantités : la population et la richesse varient de façon inégale et qu'elles ont — outre des causes de variations propres, tels que les accidents, les épidémies qui détruisent hommes et choses — des rapports de dépendance réciproque.

La richesse croît proportionnellement à la puissance productive et l'homme agit sur la puissance productive. La population, quant à ses variations, est plus indépendante de la volonté de l'homme, qui peut, cependant, avoir une action sur son développement. Cette observation détruit l'idée que la loi puisse s'appliquer fatalement, la volonté de l'homme pouvant intervenir.

Ces deux termes, richesses et population, dépendent encore plus intimement l'un de l'autre qu'alimentation et population. En étendant l'alimentation aux richesses en général, on tient compte de ce fait, c'est que l'homme ne se nourrit pas seulement de pain dans nos sociétés modernes, qu'il a une foule de besoins nouveaux inconnus auparavant qui font sa *vie*. Un plus grand nombre d'hommes étant appelés à l'existence, il s'en suit qu'il en est parmi ces hommes, qui ne vivent qu'à certaines conditions spéciales causées par l'augmentation des ressources de toute nature. Ils ont donc des besoins qui sont, quoique nouveaux, des besoins qui réclament une satisfaction aussi pressante que celle des besoins primitifs.

Cela posé, nous allons chercher quel peut être le chiffre nécessaire de la population eu égard aux revenus qu'elle tire de ses richesses. On vit de revenus, non de capital, et si l'on vit de capital, on tend à abaisser la puissance productive et par conséquent la somme des richesses. Nous ferons donc les hypothèses suivantes pour rendre plus facile l'établissement d'une formule générale :

1º Nous considérerons l'art industriel comme restant constant.

2º Nous supposerons le capital invariable.

Si une somme de revenus était égale à 100 et les consommations des individus égales entre elles et s'élevant pour chacune à 10, le chiffre nécessaire de la population serait $\frac{100}{10} = 10$. Dix individus pourraient vivre sur ces revenus. Ce chiffre 10 qui représente la consommation de chacun est un chiffre *minimum* au dessous duquel l'homme ne peut par hypothèse soutenir son existence.

Mais les consommations de chaque individu ne sont pas et ne peuvent pas être égales entr'elles, il y a donc inégalité de consommation. Supposons que deux individus au lieu de consommer 10, consomment l'un 20 et l'autre 30; pour avoir le chiffre nécessaire de la population, il faut retrancher la somme des inégalités de consommation de ces deux individus, de la somme des revenus 100; nous aurons :

$$100 - (10 + 20) = 70$$

et ensuite diviser par le minimum de consommation 10, ce qui donne :

$$\frac{70}{10} = 7.$$

Le chiffre de la population serait donc égal à 7 parce que les deux individus qui consomment plus que le minimum ont pris plus que ce minimum sur la somme totale des revenus.

Mais cette inégalité de consommation peut-elle être considérée tout entière comme ne profitant pas aux autres individus ? Les consommations faites en sus de ce minimum par les deux individus qui ont plus que le minimum, ne vont-elles pas directement ou indirectement alimenter certaines industries ? Il y a dans les dépenses de ces deux individus, nécessairement, des dépenses improductives et d'autres qui, bien que n'étant pas des consommations d'industrie, rentrent dans le cadre des dépenses reproductives. Nous considérerons donc que dans le chiffre 30 qui représente la somme des inégalités de consommation, il se trouve une quantité de revenus qui va à la consommation des autres individus. En effet, il peut se faire que 10 de revenu sur 30, soient des richesses détruites inutilement par le bon plaisir des possesseurs : que sur les 20 qui restent et vont aux industries d'habillement, d'alimentation, etc., 10 soient employés en fond d'amortissement, ou pour parer aux pertes. Il restera donc 10 de revenu versé sous forme de salaires ou intérêts ; il faut donc retrancher cette quantité 10 de la somme des inégalités de consommations, avant de retrancher la somme des inégalités de consommation elle-même de la somme des revenus. Par ce fait, les revenus que nous avons supposés constants se trouvent augmentés, non directement par un accroissement de puissance productive, mais par une consommation qui met en quelque sorte aux mains de ceux qui n'ont que le minimum de consommation, une partie des sommes dépensées en excédant de ce minimum.

Si nous appelons P le chiffre nécessaire de la population, r la somme des revenus généraux, i la somme des inégalités de consommation, ρ la part des inégalités de consommation qui retourne à la consommation générale par le fait des dépenses reproductives, nous avons, c étant le minimum de consommation, la formule suivante :

$$P = \frac{r - (i - \rho).}{c}$$

On peut facilement étudier les causes de variation de la population, c'est-à-dire de P, en faisant varier les différents termes de cette formule.

P augmente, lorsque r augmente, $i - \rho$ restant constant ainsi que c.

P augmente encore, lorsque r étant constant ainsi que c, $i - \rho$ diminue. Or $i - \rho$ peut diminuer de deux façons, soit si i diminue, soit si ρ augmente.

P diminue, si r diminue, $i - \rho$ restant constant ainsi que c.

P diminue si r étant constant ainsi que c, $i - \rho$ augmente. Or $i - \rho$ peut augmenter soit parce que i devient plus grand, soit parce que ρ diminue.

P diminue encore, si r et $i - \rho$ étant constants, c augmente. On ne peut pas prévoir le cas où c diminuerait.

L'on a ainsi très rapidement par cette formule la loi de variation de la population.

TABLEAU RÉSUMANT LA PRODUCTION ET LA CONSOM-
MATION DES RICHESSES.

PRODUCTION.

Le *besoin* pousse l'homme au *travail*.

Le *travail* étant une *peine*, un *effort*, l'homme cherche à obtenir le plus possible avec le moins de travail possible.

Le *travail* s'exerce sur les *agents naturels*, il est fécondé par le *capital*.

Différentes espèces de travail :

Travail musculaire.

Travail moral d'épargne.

Travail d'invention.d'ad-
ministration . . . .
{ dans Art industriel.
dans Arrangement d'atelier.
dans Arrangement de la société. }

La production est proportionnelle à la puissance productive.

Lois naturelles répressives ; obstacles à la puissance produc-
tive . . . .
{ Loi de la Population.
Loi de la Rente. }

Loi naturelle extensive. . . . . | Loi des Débouchés.

CONSOMMATION.

Deux sortes de con-
sommations . . . .
{ personnelles ou immédiates.
d'industrie ou médiates. }

Consommations personnelles peuvent être . . . .
{ improductives (luxe).
reproductives (entre-
tien de la santé, etc.) }

Suivant les consommations aux-
quelles elles sont destinées, les Richesses sont divisées en . . . .
{ Richesses- { fixes.
capitaux : { circulants
Richesses : Revenus. }

Formule de la loi de la Population :

$$P = \frac{r - (i - \rho)}{c}$$

DE L'APPROPRIATION DES RICHESSES

La production et la consommation sont régies par des lois, naturelles comme toutes les lois scientifiques, vraies dans le temps et dans l'espace, non modifiables par l'homme. Ces lois règlent les rapports de l'homme et du monde extérieur.

Pour l'appropriation, il n'en est pas ainsi. L'appropriation, étant un arrangement de société, une organisation du travail, créée par les hommes, sa nature peut varier suivant la volonté de ces mêmes hommes. Il est vrai qu'une fois établi un système d'appropriation a des conséquences qui découlent de sa nature même. Les lois naturelles dont nous parlons plus haut, ont alors des effets déterminés et qu'on ne peut éviter, étant donné le mode d'appropriation sous lequel vit un peuple.

Lorsque nous avons étudié les éléments de puissance productive, nous avons fait remarquer rapidement, combien la coopération complexe ou division du travail était puissante pour maintenir les hommes en société. La division à l'infini des professions et des travaux crée, pour chaque unité sociale, une dépendance de plus en plus grande. Or ce développement naturel du partage des occupations a conduit certains philosophes à penser que ces mêmes hommes représentés par l'État pouvaient dans l'intérêt de tous étendre et protéger la division du travail. Dans ces conditions, la coopération complexe a des conséquences qui sont les mêmes comme nature, que si on laissait les lois scientifiques de la production la diriger. Mais ces conséquences n'ont pas leur entier développement.

Il ne dépend pas de l'homme de supprimer une loi naturelle qu'elle soit d'ordre économique ou d'ordre physique. Il peut, en la plaçant dans certaines conditions, empêcher une pierre de tomber ; il ne peut pas faire que le jour où il l'abandonnera dans l'espace, avec ou sans force initiale, ou avec des obstacles artificiels pour retarder sa chute, elle n'obéisse à la loi de la chute des corps. Supposons encore un siphon renversé à branches égales contenant un liquide unique. Si on l'observe sans intervenir, on verra que le liquide est à la même hauteur dans les deux branches ; ce liquide obéit à la loi de niveau qui n'est aussi qu'une manifestation de la loi de la pesanteur. Au contraire, si l'on exerce une pression dans l'une des branches, alors le niveau baisse dans cette branche et monte dans l'autre. Or il monte encore suivant une loi, mais cette loi ne se manifeste que si l'homme fait agir une pression.

Il en est ainsi dans les systèmes d'appropriation par autorité, c'est-à-dire, qu'une autorité supérieure règle le travail, et *distribue* les produits de ce travail. Chaque individu aura des rapports, déterminés par la loi, avec son voisin, et il ne pourra les transgresser. Il lui sera impossible d'*échanger* certains produits contre d'autres produits. Dans ce cas, la loi de l'offre et de la demande ne peut exister que dans des limites étroites, elle ne peut avoir d'effet complet, le niveau qu'elle règle ne peut pas toujours s'établir parce que, comme dans le siphon, une pression inter-vient pour l'empêcher d'agir. La pression sup-primée, la loi naturelle s'exerce librement.

Les systèmes d'appropriation ont été et sont encore nombreux ; chaque peuple a eu le sien réglé par des loi diverses. Cependant, malgré certaines différences de détail, on peut, comme l'a fait M. Courcelle-Seneuil, réduire à deux systèmes-types ces différents modes d'appropriation :

1º L'appropriation par autorité.

2º L'appropriation par liberté.

Historiquement, c'est le premier système qui semble avoir été partout en vigueur. L'autorité représentée par un chef ou un groupe applique des règlements d'administration et de distribution des richesses des sociétés qu'il dirige. Le commu-nisme absolu est l'idéal de ce mode d'appropriation qui domine l'antiquité à de rares exceptions près.

Le second système d'appropriation s'est dégagé lentement du premier ; il n'a pénétré dans la cité antique que par la contrebande. Le commerce n'était pas précisément en honneur dans l'anti-quité, et, pourtant, les premiers échanges en se gé-néralisant, ont forcé le législateur à tenir compte du nouveau facteur qui s'introduisait dans la vie sociale. Le droit commercial est sorti de là, comme un droit d'exception, grandissant peu à peu près du droit civil étroit qui devait encore défendre longtemps les principes de l'appropria-tion par autorité. De même que les hommes ont appliqué longtemps avant d'en connaître les cau-ses, les forces naturelles à l'industrie, de même, par nécessité, ils ont compris longtemps avant que les théories économiques fussent exposées que l'échange, le commerce, la liberté des transactions étendaient la puissance des nations, élargissaient la vie.

La liberté économique pour l'homme apparaît bien petite au début ; mais elle s'étend peu à peu. Il dispose d'abord d'un petit pécule, puis il parvient à jouir en liberté de quelques produits de son travail. Il faudra de longs siècles avant que la liberté du travail soit formellement admise et proclamée par la loi, néanmoins, la liberté par la seule force d'expansion a brisé le vieux moule. Commencée par l'institution du prêteur pérégrin à Rome, l'appropriation par liberté n'est reconnue que vers le milieu du xviiime siècle, et il a fallu attendre Turgot, pour voir inscrire dans la loi, la liberté du travail.

Ces deux systèmes-types d'appropriation ont co-existé et co-existent dans toutes les sociétés civilisées à des degrés de puissance différents. L'appropriation par la liberté, malgré les retours offensifs des défenseurs du premier système, connus sous les noms de *protectionnistes* et de *socialistes*, tend de plus en plus à dominer dans l'avenir.

Il nous a suffi de définir les deux modes-types d'appropriation sous lesquels se distribue la richesse. Après avoir étudié l'échange, nous comparerons ces deux systèmes et nous déterminerons celui qui offre le plus d'avantages.

6ᵉ **LEÇON**.

L'échange. — L'offre et la demande — Comment agit la loi
de l'offre et de la demande : 1⁰ sur deux individus isolés
sans concurrence ; 2⁰ sur plusieurs individus avec concurrence. — L'échange ne crée pas la richesse. — Monnaie ;
avantages, qualités d'une bonne monnaie. — Valeur.
Prix. — Echange des services futurs : Crédit. — Du coût
de production. — Effet de la loi de la rente. Monopole
naturel.

Toute cette partie que nous désignons sous le
nom d'appropriation des richesses : échange,
coût de production, établissement du coût de production, etc., comprend évidemment la répartition des richesses. Cette répartition des richesses, qui fera plus particulièrement l'objet de la
prochaine leçon, dépend étroitement du mode
d'appropriation adopté par un peuple. Sous la
liberté, les lois naturelles président à cette répartition. L'étude de leurs effets combinés est l'étude
de la répartition.

On appelle *échange* un contrat le plus souvent
verbal, par lequel deux personnes possédant chacune un ou plusieurs objets se transmettent réciproquement un ou plusieurs de ces objets, avec le
droit d'en jouir en toute propriété, c'est-à-dire
d'en user comme elles l'entendent.

Pour *échanger* ces objets, il faut que ces personnes puissent le faire, aient le droit de le faire. Ce droit n'existe en général que sous l'empire du système d'appropriation par la liberté,

L'échange est donc une conséquence de ce système d'appropriation; il n'est pas un phénomène nécessaire de la vie économique des sociétés.

On appelle *offre*, relativement à une marchandise déterminée et à un marché considéré, la quantité de cette marchandise présentée à la vente, au moment de l'observation. On peut inversement définir la *demande* en disant qu'elle est la quantité de cette marchandise que des acheteurs désirent et peuvent se procurer au moyen de l'échange.

La *valeur* est le pouvoir attribué à une marchandise au moment de l'échange. Ainsi, l'on dira d'une voiture qui a été échangée contre deux chevaux : cette voiture vaut deux chevaux. Mais ce rapport n'existe qu'au moment de l'échange. L'on a dit que la valeur est le pouvoir attribué à une marchandise dans l'échange dont elle a été l'objet. Il est impossible de définir exactement la valeur. L'on ne définit pas l'angle en géométrie; on expose plutôt comment il est formé, on le décrit en un mot. On le mesure aussi. Il en est de même de la valeur. L'on décrit sa formation et on la mesure.

Constatons que si l'*échange* n'existe qu'avec la liberté, la *valeur* ne peut exister qu'avec *l'échange;* la *valeur* n'est donc pas une qualité nécessaire des richesses, pas plus que l'échange n'est une forme nécessaire d'appropriation. Aussi convient-il de démontrer, dès à présent, la diffé-rence qui existe entre l'*utilité* et la *valeur*.

L'utilité est un rapport de l'homme à la chose. Un individu isolé, s'il compare certains objets aptes à satisfaire différents besoins, dira que certains lui sont plus utiles que les autres. La valeur, au contraire, ne se montre que lorsque l'homme compare l'objet qu'il possède à un autre objet qu'il ne *possède pas* et dont il a besoin. La notion de la valeur est assez complexe, nous allons mieux comprendre cette notion en analysant le phénomène d'échange : 1° entre deux individus isolés ; 2° entre plusieurs individus.

— Supposons deux individus isolés, c'est-à-dire éloignés de tout marché, l'un possède du pain mais n'a pas d'eau et a soif, l'autre possède de l'eau, mais n'a pas de pain et a faim. S'ils sont sauvages, le plus fort essaiera de prendre au plus faible, par la force ce dont il a besoin. Si nos deux individus sont des civilisés et ne recourrent pas à la vio-lence, des pourparlers s'engageront pour un échange : il y aura marchandage. Qui les pousse à l'échange ? Le besoin d'où naît le désir de pos-séder de l'eau et du pain. Le degré du besoin dé-terminera l'échange et la proportion entre le pain et l'eau échangés, c'est-à-dire leur valeur. Si celui qui possède l'eau a moins faim que le pos-sesseur de pain n'a soif, il pourra obtenir plus de pain proportionnellement qu'il ne donnera d'eau. Dans cette circonstance, le possesseur de pain dépendra de son coéchangiste et sera obligé d'ac-cepter ses conditions, si la soif l'empêche de continuer sa route et d'aller là où il pense trouver de l'eau. Le possesseur de l'eau, dans la discussion du marchandage, fera entrer en ligne de compte, la peine qu'il a eue à trouver et à transporter cette eau ; il peut craindre d'en manquer lui-même. Puis il comparera les avantages qu'il peut avoir à changer ou garder son eau. En tout cas, c'est celui des deux qui aura le plus pressant besoin qui cédera le premier aux exigences de l'autre.

— Si nous considérons maintenant un marché où se rendent plusieurs coéchangistes, la scène change. Le possesseur de pain trouvera en face de lui plusieurs possesseurs de liquide. Il ne dépendra plus d'un seul individu, car il y aura concurrence. Et, comme ces possesseurs de liquide ont tous des besoins différents, comme il peut s'en trouver qui ont plus besoin de pain que le possesseur d'eau de la première hypothèse, notre homme pourra donc satisfaire son besoin en livrant moins de pain. L'on peut donc dire que plus le marché est étendu, plus les besoins ont de chance d'être satisfaits, et à de meilleures conditions. Or les besoins étant infinis chez les civilisés et le travail étant divisé, il s'ensuit que chacun apporte sur le marché ce qu'il croit pouvoir être échangé, de telle sorte que les besoins multiples trouvent là des objets pour les satisfaire.

Dans l'échange avec concurrence, il arrive que, les besoins n'étant pas aussi pressants de part et d'autre que dans l'échange entre deux individus isolés, les transactions ou échanges ne sont pas soumis à des nécessités brusques, qui déterminent des variations considérables de valeur. Puis les marchands prévoient les besoins, font des approvisionnements. Or, dans les éléments constitutifs de la *valeur* des marchandises offertes, entre le prix de revient, plus un bénéfice pour le marchand. C'est ordinairement autour de ce prix de revient qu'oscille la valeur courante des marchandises, influencée qu'elle est par l'*offre* ou la *demande* qui, au moment de l'échange, règlent définitivement la *valeur* des objets offerts et demandés dans les marchés civilisés.

L'échange ne crée pas de richesse. Un homme peut s'enrichir par l'échange, non un peuple. En effet, que des objets appartiennent à l'un ou à l'autre, ils ne peuvent figurer qu'une fois à l'inventaire social. C'est un déplacement de richesse, et la valeur qui résulte du besoin de tel ou tel individu est si variable, qu'elle ne peut être considérée comme une diminution ou une augmentation de richesse. Mais elle tend à augmenter la puissance productive, en permettant de satisfaire de façon plus complète et plus facile les besoins de plus en plus nombreux des hommes civilisés.

Monnaie. — *Prix.* — Comme nous l'avons déjà dit, les hommes malgré les obstacles, ont été amenés à faire des échanges, parce que ce moyen de satisfaire leurs besoins exigeait un effort moindre que les autres. Ils ont obéi, tout simplement, à la loi de l'économie des forces.

Or, certaines marchandises, d'un usage plus général, étant souvent échangées, il en est résulté que leur nom revenant souvent dans la comparaison et l'évaluation des autres marchandises entr'elles, il a semblé plus facile de les employer comme une commune mesure. C'est ainsi qu'a été créée la *monnaie* qui, primitivement, était une marchandise comme le blé, les fourrures, le thé, etc.

Le simple troc offrait aussi des inconvénients. Les objets peuvent ne pas être équivalents. On ne pouvait échanger par exemple, un bœuf contre un mouton. La commune mesure-marchandise doit, au contraire, posséder l'avantage d'être divisible. Cette marchandise commune-mesure est appelée monnaie. A mesure que les échanges se sont multipliés, la monnaie s'est perfectionnée. Prise d'abord, dans chaque pays, parmi les marchandises d'un usage courant, elle s'est peu à peu modifiée sous l'influence de cette nécessité de rechercher la marchandise commune-mesure dont les variations, comme valeur, étaient le moins sensibles. L'on s'est servi de bonne heure, de l'or et de l'argent.

Les propriétés que doit présenter une bonne monnaie sont les suivantes :

1º La monnaie doit être facile à transporter. A ce compte, le blé n'était pas une bonne monnaie; les fourrures de prix pouvaient en être une.

2º La marchandise-monnaie doit être divisible, parce que l'on peut en offrir, dans un échange, la quantité que l'on désire pour avoir en équivalent une autre marchandise. Le blé avait, à ce point de vue, des avantages, de même que le thé ou le tabac; les fourrures au contraire présentaient l'inconvénient de ne pouvoir être divisées sans perdre toute valeur.

3º La monnaie doit être identique à elle-même; la marchandise commune mesure ne doit point avoir de qualités différentes sur un marché, car il deviendrait difficile pour les échangistes d'apprécier ces différentes qualités.

4º Il faut que la monnaie se conserve facilement, qu'elle ne subisse pas les influences de la température, de l'état hygrométrique de l'air, etc., etc. La plupart des monnaies-marchandises comme le blé, le sel, le thé, les fourrures, ne pouvaient répondre à cette exigence.

5º Comme nous l'avons vu déjà, la monnaie ne doit pas subitement changer de valeur. Son offre et sa demande doivent être à peu près égales si l'on considère un espace de temps assez court.

Les métaux précieux présentent les avantages que nous venons d'énumérer : ils sont facilement divisibles, peu lourds eu égard à leur valeur, inoxydables, ne s'usent que lentement et varient peu de valeur par rapport aux autres marchandises, bien que parfois cependant des crises dites monétaires, soient produites par des variations que l'on n'éviterait avec aucune autre commune mesure.

Le *prix* d'une marchandise est sa *valeur* exprimée en monnaie. Comme il y a maintenant une commune mesure de la valeur des marchandises, l'échange ne se présente plus sous sa forme simple et primitive. Il y a deux actes pour un échange, souvent plus ou moins éloignés l'un de l'autre :

l'achat et la vente. Un agriculteur produit du blé; il a besoin d'habits. Il *vend* du blé, reçoit sa valeur en monnaie, et, avec cette monnaie, *achèle* des habits. En somme il n'a fait qu'échanger du blé contre des habits. Mais l'échange a eu lieu entre trois personnes et même parfois entre un nombre plus grand.

Il faut se garder de confondre la *valeur* et le *prix*. Pour démontrer la différence qui existe entre le prix et la valeur des marchandises, nous allons prendre un exemple. L'agriculteur cité plus haut vend un hectolitre de blé 20 francs ; comme il a besoin de bois, il achète 2 stères de bois 20 francs. Il a échangé le blé contre le bois, de de telle sorte que l'on peut poser cette équation d'échange

$$1 \text{ hectolitre de blé} = 2 \text{ stères de bois}$$

le prix est de 20 francs.

Supposons que la monnaie vienne à baisser de *valeur*, d'un dixième, par exemple, soit de 10 o/o il faudra — c'est toujours une hypothèse — $\frac{1}{9}$ de plus de monnaie pour se procurer toutes choses égales d'ailleurs, le même objet qu'avant. Or, si l'agriculteur recommence son opération, il vendra l'hectolitre de blé 21 fr. 22 cent. et achètera les 2 stères de bois 21 fr. 22 cent. Si nous simplifions l'opération vente-achat et que nous considérions le fait simple de l'échange nous verrons que la valeur de l'hectolitre de blé n'a pas changé et que notre équation d'échange n'a pas varié. Mais le prix est autre, il est devenu 21 fr. 22 cent. De même on pourrait démontrer que la valeur peut varier, les prix restant les mêmes, ou encore que le prix et la valeur varient inversement ou directement, etc.

L'effet le plus important de l'échange c'est que sur un marché, il donne la prépondérance au vendeur qui peut satisfaire les besoins des acheteurs au plus bas prix ; il encourage les producteurs à faire leurs efforts pour abaisser le coût de production ; l'acheteur peut donc, dans ces conditions, *épargner* une partie de son travail, car, s'il achetait avant un produit 8, et s'il le paie ensuite 7, il peut avec le huitième qui lui reste pourvoir à d'autres besoins.

Observations. — Lorsque la valeur propre de l'unité de monnaie légale baisse de 10, de 20, de 30 o/o cela n'entraîne pas pour les marchandises des variations symétriques, c'est-à-dire que le prix de ces marchandises ne monte pas de 10 o/o de 20 o/o etc.

Considérons l'unité de monnaie, le franc par exemple, appelons x le coefficient qui indique le nombre de pièces de monnaie de 1 franc qui doit être donné pour obtenir un objet qui, toutes choses égales d'ailleurs, a la même valeur par rapport aux autres objets. Nous considérons donc que la monnaie seule a changé de valeur et que l'objet c a une valeur constante ; il faudra donc que le produit des deux facteurs 1 et x soit tel que le produit ne soit pas changé si 1 est remplacé par une fraction de l'unité, ce qui arrive quand la monnaie baisse de valeur. Supposons donc que la monnaie ait subi une baisse de valeur de 3o o/o, l'unité 1 ne vaudra plus que $\frac{70}{100}$ ou $\frac{100-30}{100}$; nous aurons donc :

$$\frac{70}{100} \times x = c$$

et

$$x = \frac{100}{70} c$$

en simplifiant

$$x = \left(1 \times \frac{3}{7}\right) c$$

Ce qui veut dire qu'il faut donner une unité de monnaie plus les 3/7ᵉ de cette unité pour obtenir le même objet qu'avant la baisse : Ce prix a donc augmenté de 3/7ᵉ. On verrait que quand la monnaie baisse de 10 o/o, les prix s'établissent en équilibre avec 1/9ᵉ d'augmentation, quand c'est de 20 o/o avec 2/8 d'augmentation, et ainsi de suite.

On peut donner une formule générale de ce petit problème. Appelons m le numérateur de la fraction indiquant le pour cent de la caisse, nous écrivons donc par exemple, 3o/1oo, m/1oo
alors nous aurons,

$$\left(1 - \frac{m}{100}\right) x = c$$

et,

$$(100-m)\, x = 100\, c$$

d'ou

$$x = \frac{100\,c}{100-m}$$

que l'on peut écrire,

$$x = \frac{100}{100-m} \times c$$

c'étant constant, c'est l'expression $\frac{100}{100-m}$ qui doit nous occuper. On voit qu'il faut que m soit positif et plus petit que 100. Si l'on décompose cette expression fractionnaire il vient.

$$1 + \frac{m}{100-m}$$

la dernière partie $\frac{m}{100-m}$ donne l'augmentation du prix des marchandises. Ainsi dans le cas, par exemple, ou m $=$ 50 c'est-à-dire, dans le cas où la monnaie a baissé de 50 o/o on voit que l'augmentation de prix en résultant est 1, ce qui fait le prix double au total.

Echange des services futurs. — Crédit. — Echange des services. — Nous avons considéré jusqu'ici les échanges comme faits aussitôt qu'ils étaient conclus. La marchandise, en ce cas, est livrée de suite : contre une autre marchandise dans le *troc ;* contre une somme de monnaie dans l'*achat.* C'est ce qu'on appelle vente ou achat au comptant. Mais il pouvait être utile aux échangistes, ou de ne pas payer comptant, ou de ne pas livrer la marchandise au moment de l'engagement. Comme il faut que celui qui livre une marchandise et ne consent à recevoir qu'au bout d'un certain temps, son prix en monnaie, ait confiance dans son acheteur, qu'il le croie capable de remplir ses engagements, on a appelé ce contrat, contrat de *crédit* — du latin *credere,* croire, avoir confiance.

Le contrat de crédit est celui par lequel le propriétaire d'un capital le donne en possession à une autre personne déterminée, laquelle personne s'engage à rembourser ce capital après un certain temps. Les contrats de crédit en général nécessitent l'emploi de *titres* ou *reconnaissances* qui servent à constater que l'un est propriétaire du capital, et l'autre, le possesseur à certaines conditions, de ce capital. Mais cette constatation, ce titre, n'est pas une richesse créée, elle n'augmente pas celles qui existent. En effet si l'on faisait l'inventaire de la société, l'on ne pourrait y faire figurer deux fois ce capital. Les billets de banque rentrent dans ce cas : ils ne sont que des promesses de payer à vue et au porteur certaines sommes déterminées. Le papier-monnaie, le papier de crédit, peut être un instrument avantageux dans les échanges. Il peut être même une cause d'augmentation de la richesse, il ne saurait être même une richesse comme on l'a cru jadis.

Le crédit est la forme la plus élevée de la coopération complexe. Il suppose déjà une certaine civilisation chez le peuple qui l'emploie ; il suppose aussi que ce peuple est capable de conserver des capitaux et de les faire valoir.

Quant à l'échange des *services* non incorporés, c'est-à-dire qu'on ne peut faire entrer par la comptabilité dans l'établissement du prix de revient d'une marchandise, comme par exemple, les services d'un domestique, d'un avocat, d'un médecin, etc., ils sont de même l'objet d'échanges, et demeurent nécessairement soumis aussi eux à la loi de l'offre et de la demande. Les services qui sont rendus par les administrations de l'Etat sont rémunérés de toute autre manière, c'est-à-dire par des règlements d'autorité.

Prix de revient. — Coût de production. — L'échange avec concurrence crée la concurrence entre producteurs. Chaque producteur-directeur, ou plus simplement chaque entrepreneur, s'efforce de donner à son *entreprise* une direction qui permette à ses produits de lutter avantageusement sur le marché avec les produits similaires. Chaque entreprise a une individualité, une existence propre, qu'elle soit composée d'un seul homme ou qu'elle soit fondée et dirigée par plusieurs. Il faut donc que le prix des produits qu'elle présente sur le marché puisse assurer la rémunération du travail de tous ceux qui coopèrent à la production de ces produits. C'est une condition nécessaire de l'existence de l'entreprise, laquelle, dans le cas contraire, verrait bientôt disparaître son capital et disparaîtrait à son tour. Ces entreprises ne pouvant, par leurs produits, rémunerer leurs coopérateurs et disparaissant, diminuent sur le marché l'offre de ces produits, de telle sorte que le prix de ces produits s'élève de façon à rémunérer les entreprises qui luttaient péniblement encore. Quand, dans une entreprise, la somme du prix de vente est égale au prix de revient l'entreprise *fait ses frais;* lorsque le prix de revient s'abaisse eu égard au prix de vente, il y a *bénéfices;* dans le cas contraire l'entreprise *perd* ou ne fait *pas ses frais.*

L'expression *prix de revient* sert à désigner la somme des frais de production de chaque entreprise, quelques soient ces frais de production ; celle du *coût de production* est employée pour indiquer le prix de revient le plus élevé parmi ceux des entreprises fabriquant des produits similaires. C'est donc l'entreprise la plus désavantageusement placée, celle qui a les plus gros frais de production eu égard à ses concurrents, qui détermine le coût de production. Le prix de revient n'est jamais le même dans un industrie pour chaque entreprise de cette industrie, car chacune de ces entreprises se trouve dans des conditions différentes quant à la dimension, la direction, la situation, etc. Mais bien que tous ces prix de revient ne soient pas les mêmes, le prix courant du produit, déterminé par la loi de l'offre et de la demande, est uniforme sur le marché. Il y a donc des entreprises qui ont plus ou moins de bénéfices, plus ou moins de pertes.

Quelle peut donc être la valeur habituelle des produits sur le marché ? Le problème présente des solutions très indéterminées, car comme l'offre et la demande tendent à s'équilibrer après une série d'oscillations, et que l'équilibre est rompu très souvent, et parfois de façon imprévue, il s'ensuit qu'on est obligé de supposer constante ou fixe une des données du problème pour indiquer une solution.

Il faut considérer, pour exposer cette question, deux cas : 1° celui dans lequel une marchandise est en quantité limitée, ou bien ne peut être aug-

mentée en quantité qu'au prix de dépenses proportionnellement plus grandes que la rémunération qu'elles donnent; 2° celui dans lequel ces
marchandises se trouvent être en quantité illimitée ou, plus correctement, sont susceptibles d'être
produites indéfiniment avec avantage. Supposons
le premier cas, celui dans lequel une marchandise
est limitée sur le marché général. Supposons
outre qu'elle soit une marchandise de consommation générale et de nécessité très grande, la
demande de cette marchandise tendra à dépasser
son offre, et à se maintenir. Cette situation étant
donnée, examinons comment vont se former les
prix eu égard aux différents prix de revient des
divers producteurs. Les vendeurs de blé ont des
prix de revient différents; ces prix de revient sont,
par exemple, 14, 15, 16, 17, pour un hectolitre
de blé. Comme la demande tend à augmenter, que
l'offre est fixe, la valeur habituelle du blé sera
fixée quant à l'offre, par l'entreprise qui aura le
prix de revient le plus élevé. En effet, puisque la
demande ne baisse pas et que tous les produits
s'écoulent, l'entreprise qui a le prix de revient le
plus faible n'a aucun intérêt à abaisser ses prix
de vente.

Si l'on suppose, au contraire, que la marchandise considérée est en quantité illimitée, qu'elle
peut être fabriquée facilement à toute pression de
la demande, le phénomène suivant se produit.
L'entrepreneur qui au moyen de perfectionnements parvient à diminuer son prix de revient et
qui a prévu les moyens de répondre à la demande

qu'il va provoquer, cherche à conquérir le marché en vendant beaucoup. Il offre beaucoup de sa marchandise et à des prix moins élevés que ceux de ses concurrents. Pour les produits de ce genre qui sont ordinairement des produits dits fabriqués tels que tissus, etc., les prix tendent à se régler sur le prix de revient minimum.

Etudions maintenant les éléments qui constituent le coût de production spécial à chaque entreprise, ou prix de revient, étant donné que nous envisagerons l'ensemble général des échanges, et non les échanges relatifs aux industries d'une même espèce.

Eléments du prix de revient. — Le prix de revient se compose d'une somme d'éléments qui sont tous eux-mêmes, ou le travail direct de l'homme ou le produit de ce travail. C'est ce qui fait la mise en valeur d'un objet matériel, ce qui crée les richesses. Mais ce prix de revient, s'il baisse, fait baisser tous les produits similaires sur le marché, bien que ces produits aient été obtenus antérieurement à un prix de revient plus élevé. Le travail — et le travail le plus récemment perfectionné ou simplifié — est, en ce qui concerne l'offre, l'agent le plus important des variations de la valeur.

Or ce travail, comme nous l'avons dit dans la deuxième leçon, se décompose en :

1° Travail dans l'art industriel ;

2° Travail musculaire ;

3° Travail dans l'arrangement d'atelier ;

4° Travail d'épargne ;

5° Travail dans arrangement social.

Le travail dans l'art industriel est celui des inventions ; il peut être considéré comme gratuit. Tous les industriels bénéficient de la machine à vapeur, des inventions scientifiques de toute espèce qui sont une sorte de capital intellectuel social : l'art.

Le travail d'arrangement dans la société se traduit par un paiement plus ou moins lourd d'impôts. Nous ne nierons pas l'importance que peut avoir un système financier avantageux dans l'administration d'un État, mais nous ferons ici abstraction de l'impôt parce que ce n'est pas toujours le chiffre auquel il s'élève pour une entreprise, mais aussi la façon dont il est prélevé, qui a une influence sur la marche de cette entreprise. En dehors de l'impôt, les lois spéciales d'arrangement de la société ont une action mauvaise ou bienfaisante, dont il est impossible de bien mesurer l'étendue. Nous avons dit, au début, que nous ne ferions pas d'incursions dans le domaine de la morale et du droit, nous resterons donc encore ici sur le terrain purement économique.

Restent donc trois sortes de travail qui tous trois sont rémunérés ; ce sont :

1° Le travail moral d'épargne ;

2° Le travail musculaire ou matériel ;

3° Le travail d'arrangement dans l'atelier.

Le premier est représenté par les capitaux de toute nature, capital-monnaie, capital foncier, capital-marchandises, et est rémunéré par des *intérêts*.

Le second est le travail de l'ouvrier, il est rémunéré par les *salaires*.

Le troisième est celui de l'administrateur; il est rémunéré par des appointements dans certains cas, lorsque l'administrateur n'est que mandataire, par des *bénéfices* lorsqu'il est entrepreneur.

Au fond, puisque c'est de travail qu'il s'agit, dans ces trois cas, l'on pourrait appeler salaires ces trois rémunérations.

Effets généraux de la loi de la rente. — Nous verrons dans la prochaine leçon, l'action réciproque de ces éléments généraux du prix de revient, mais nous pouvons maintenant que nous avons défini et étudié le coût de production, exposer rapidement l'effet de la loi de la rente, c'est-à-dire la constitution, pour le propriétaire de terrains plus *fertiles* eu égard à l'art industriel existant, d'un monopole naturel.

Supposons l'art industriel stationnaire et une demande plus grande par exemple, de blé; supposons que les terres actuellement cultivées aient subi les améliorations possibles, étant donné les capitaux de leurs propriétaires et l'état de l'industrie agricole. Soient deux champs de culture T et T', le premier anciennement cultivé et le plus *fertile* au sens où nous l'étendons; le second moins fertile et qu'on défriche pour fournir à la demande de blé.

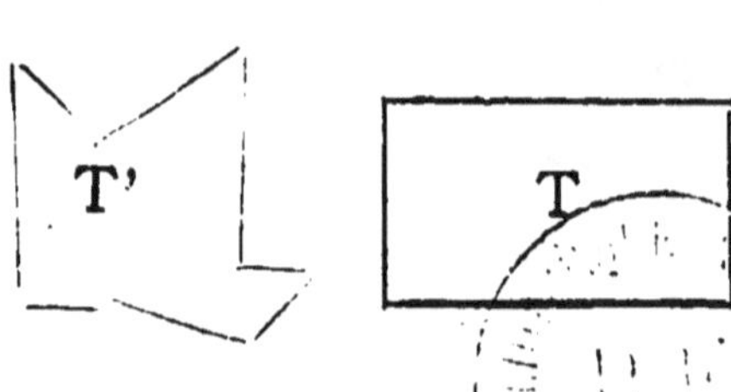

Nous représentons graphiquement le plus fertile par une figure géométrique régulière ou rectangle, et le moins fertile par un polygone très irrégulier pour indiquer les difficultés de culture, etc.

D'après ce que nous avons dit, comme il faut plus de travail pour produire un hectolitre de blé sur T, il s'ensuit que le prix de revient sur T', est supérieur au prix de revient sur T. Soit le prix de revient sur T égal à R, et le prix de revient sur T' égal à $R + r$; lorsque les propriétaires de T' et de T mettront en vente leur blé, nous savons que si nous supposons la demande constante, la valeur du produit sera fixée, quant à l'offre, par l'entreprise qui a le prix de revient le plus élevé. Le propriétaire de T' vendra donc son blé au moins son prix de revient, c'est-à-dire $R + r$; mais, comme généralement, il tend à prendre un bénéfice si petit qu'il soit, nous écrirons le prix courant du blé, $R + r + z$; z étant le petit bénéfice prélevé. Le propriétaire de T vendant le même prix, gagnera donc une différence égale à $r + z$. C'est cette différence qui est le monopole donné par la loi de la rente.

A vrai dire la rente ne fait point partie du coût de production des produits agricoles. Comme nous le voyons ci-dessus, si l'on cherche à produire dans une industrie aussi difficile que l'industrie agrigole, c'est que la demande presse — sans cela on ne défricherait pas T'. Or, ce n'est pas la fertilité de T qui est la cause du bénéfice du propriétaire, mais l'infériorité productive de T', la dernière considérée comme productivité.

Plus spécialement, la rente peut faire partie du prix de revient dans la comptabilité du propriétaire agriculteur ou fermier. Nous savons que ce monopole naturel change souvent de détenteur à mesure que l'art industriel progresse ; nous savons aussi que l'obstacle de la loi de la rente pousse l'homme à inventer, à mieux administrer, à tenter le plus qu'il peut d'abaisser son prix de revient, à mieux organiser les lois touchant la propriété.

Mais de ce que l'art industriel combiné avec un système d'appropriation plus conforme au développement de la richesse rend moins apparente la loi de la rente, on a en conclu que cet art industriel était le seul rétribué, qu'il n'y avait pas de *monopole naturel*. C'est comme si l'on soutenait qu'un homme qui, au lieu de sauter d'un étage élevé d'une maison, descend les marches d'un escalier est complètement indépendant des lois de la pesanteur ; il fait 60 ou 80 chutes partielles plus avantageuses pour lui, c'est-à-dire autant qu'il y a de marches d'escalier ; n'empêche qu'il ne passe pas d'une marche à l'autre, comme s'il avançait sur un plan. Dans le cas de la loi de la rente, nous savons que les marches sont de hauteurs très inégales et que l'art industriel tend à diminuer ces hauteurs.

Il y a dans l'industrie manufacturière quelque chose d'équivalent à la loi de la rente ; mais, là, l'effort à faire est un effort intellectuel ou moral indéterminé, qui ne peut s'incorporer, se solidifier. Ainsi sont les inventions qui, malgré les lois sur les brevets d'invention, font que l'art industriel en général n'est pas susceptible d'une appropriation individuelle. Les découvertes sur la vapeur et l'électricité appartiennent à tout le monde, à un petit nombre près de procédés particuliers.

APPROPRIATION DES RICHESSES. — ANALYSE DES ÉLÉMENTS DU COUT DE PRODUCTION.

Les Éléments du coût de production. — Entrepreneurs. — Ouvriers. — Capitalistes. — Administration. — Direction; travail musculaire, capitaux. — Bénéfices, salaires, intérêts. — Crises économiques ; leurs causes ; leurs conséquences.

Nous avons déjà réduit à trois, les formes du travail qui se combinent pour former le prix de revient :

1° Travail manuel industriel, rémunéré par les salaires ;

2° Travail de surveillance, de direction, rémunéré par les appointements ou bénéfices ;

3° Travail d'épargne, rémunéré par l'intérêt.

Les deux premières formes de travail sont de même nature. En les confondant ensemble sous le nom de travail, services, par exemple, nous réduisons donc à deux les formes de travail qui entrent en jeu dans l'établissement du prix de revient.

Nous considérerons le premier travail comme rémunéré par les salaires; le second est rémunéré comme nous le savons, par l'intérêt.

Ces deux formes de travail ont des variations infinies comme rapport en quantité, dans le temps, dans l'espace, pour des produits identiques et suivant chaque entreprise. L'art industriel cause en partie ces variations. Il est des entreprises où il faut plus de salaires que de capital, d'autres où le capital doit être plus élevé ; il faut plus de travail industriel que de travail-épargne dans le premier cas, et plus de travail-épargne que de travail industriel dans le second. Souvent l'art industriel en se perfectionnant exige plus d'emploi de travail-épargne et moins d'emploi de travail industriel. Un tailleur qui, primitivement employait deux ouvriers parce que tous les vêtements qu'il fabriquait étaient cousus à la main, peut à lui seul, avec la machine à coudre faire le travail effectué auparavant par lui et ses deux ouvriers. Le prix de la machine est un capital relativement élevé pour sa petite industrie. Le rapport entre les deux formes de travail a changé, les *salaires* se trouvent supprimés quant aux deux ouvriers, mais l'intérêt du capital qui a payé la machine entre dans le prix de revient. Ces variations sont nombreuses et le plus souvent insaisissables, mais il est certain que plus la civilisation s'étend plus la forme de travail-épargne tend à augmenter. Elle entraîne, par l'introduction des machines, par exemple, une baisse dans la demande de travail-industriel. Mais, comme le prix de revient se trouve baissé, les prix baissent. Les besoins étant satisfaits au prix d'un travail moindre, d'autres besoins peuvent être satisfaits avec l'excédent ou différence des nouveaux prix avec les anciens. Les nouveaux besoins sont cause d'une demande de travail industriel dans d'autres branches d'industrie ou dans l'industrie même qui a bénéficié de l'introduction de nouvelles machines. Or, comme l'art industriel n'est pas stationnaire il s'ensuit que les deux formes de travail ne peuvent jamais avoir de rapports fixes même dans des industries à produits similaires.

Ces formes de travail peuvent être réunies dans le même homme qui est souvent, à la fois, capitaliste et ouvrier, comme les artisans travaillant chez eux. Elles peuvent être divisées, comme dans la grande industrie, entre les ouvriers, les capitalistes, souvent étrangers à la direction de l'entreprise, et les directeurs ou entrepreneurs.

Remarquons que le travail-industriel est rémunéré de plusieurs façons différentes. L'on paie un ouvrier soit à l'heure ou à la journée, soit aux *pièces*. Dans ce dernier cas, le *salaire* est proportionnel à l'effort utile déployé.

Quant au capital, il n'a qu'une seule forme de rémunération en général, celle par l'intérêt qui est toujours proportionnelle à la durée de ce capital.

L'intérêt payé au capital est légitime. En effet, le capital étant un facteur nécessaire de la production, et, ce facteur exigeant une *peine* pour être créé, personne ne le *créerait*, c'est-à-dire ne s'infligerait l'effort d'épargner, si cet effort n'était rémunéré. Nous entendons ici par intérêt, aussi bien la rémunération des capitaux-monnaie, que celle des capitaux-fonciers et autres. Ce n'est pas seulement la *peine* d'épargner qui est rémunérée par l'intérêt, mais aussi la *peine* de surveillance du propriétaire qui administre ses capitaux, veille à leur *conservation*.

Le taux de l'intérêt, comme les salaires, varie avec la nature des capitaux, du travail, etc. Certains capitaux présentent plus de sûreté comme existence, par exemple, certains capitaux fonciers; ils ont un taux d'intérêt moins élevé. Certains ouvriers travaillent musculairement plus que d'autres, mais ils travaillent dans des conditions d'hygiène excellentes, ils seront moins payés en salaires, que des ouvriers manipulant des produits chimiques dangereux pour la santé.

L'art industriel limite le travail d'épargne. On n'épargne que parce que l'on aperçoit l'emploi reproductif de son capital. Cette proposition est vraie sous quelque régime d'appropriation que soit une société. Ce n'est du reste qu'un corollaire de ce principe que tout travail d'épargne est bien travail-peine.

Une nouvelle invention permettant, par exemple, de satisfaire des besoins au prix d'un travail moindre incite les hommes à épargner. Or, comme les nouvelles inventions peuvent avoir au début de bonnes ou de mauvaises applications, il en résulte des *risques*. Certains capitaux iront donc aux entreprises nouvelles et seront plus rémunérés que ceux qui restent dans des entreprises sûres et connues. Ces risques sont une des principales causes de la différence du taux des capitaux.

Les conditions qui se combinent pour former

le taux des salaires sont de même nature que celles qui concourrent à la détermination du taux de l'intérêt. Pour qu'il y ait demande de travail, il est nécessaire que l'art industriel progresse, que des capitaux nouveaux soient épargnés. La raison d'être d'une nouvelle industrie, celle qui est la cause de création de l'industrie, est la demande du produit de cette industrie; mais le facteur premier, celui sans lequel on ne peut demander de travail, c'est le capital. Le capital, comme nous l'avons déjà fait observer, du reste, s'il augmente, augmente la demande de travail parce qu'il est rare qu'une augmentation de capital-épargne ne soit pas causée par une augmentation de besoins industriels. Or, comme l'homme civilisé cherche à prévoir l'avenir, craint la mauvaise fortune, il est, de plus, poussé à épargner une quantité de capital plus grande que celle qui peut être nécessaire à l'alimentation de l'industrie. De sorte que le capital épargné se trouve toujours plus grand généralement que le capital employé. Cet excès ne saurait néanmoins être considérable, il est limité par le taux de l'intérêt qui en baissant au-delà de certaine limite n'est plus considéré comme suffisant pour rémunérer le travail d'épargne.

Il faut signaler une différence importante entre le travail industriel et le travail d'épargne. Le premier est exclusif; il occupe entièrement l'homme qui y est adonné, de telle sorte que le salaire est limité par le temps. Pour le second, il n'en est pas ainsi; un homme peut épargner tout en se livrant au travail industriel, l'épargne étant une sorte d'abstention, de contrainte morale. Dans ce cas, ces deux formes du travail se combinent.

Nous savons que l'entrepreneur peut ne pas être capitaliste ni ouvrier, qu'ils est alors directeur ou chef d'entreprise et que sa fonction consiste à organiser l'atelier, à se procurer les matières premières, à écouler les produits. Supposons-le simplement entrepreneur dans la petite analyse que nous allons faire du mode de rétribution auquel il est soumis. Nous considérerons donc que la division du travail est poussée aussi loin qu'elle peut l'être et que dans notre entreprise l'on a :

1º Un ou plusieurs capitalistes fournissant des capitaux contre intérêt ;

2º Des ouvriers non associés, simplement rétribués par les salaires ;

3º Un entrepreneur directeur.

Nous avons vu comment était déterminé le taux de l'intérêt : en général par la loi de l'offre et de la demande relativement aux capitaux, dans les causes particulières, par les risques, etc., etc. Les salaires dépendent aussi des risques et de la loi de l'offre et de la demande relativement au travail.

Quant aux *bénéfices* de l'entrepreneur, ils dépendent des variations des *intérêts* et *des salaires*, puisqu'ils dépendent du prix de revient, le prix de vente fixant définitivement ces bénéfices. Ces bénéfices peuvent être nuls dans le cas où le prix de vente est égal au prix de revient. Alors, seuls, les salaires et les intérêts des capitaux se trouvent couverts. La loi de l'offre et de la demande règle donc souverainement ces rémunérations, et l'entrepreneur ne peut prélever des *bénéfices* considérables sans que la concurrence se fasse sentir pour réduire sa part dans la distribution des rémunérations de ces différents travaux.

On ne peut même indiquer une loi de variation des salaires et des intérêts; trop d'inconnues et surtout de variables entrent dans le problème. L'entrepreneur intervient entre capitalistes et les ouvriers apportant de nouvelles conditions d'art industriel, d'organisation d'atelier qui jettent les analystes les plus subtils dans des problèmes indéterminés dont il est impossible de tirer une solution et une formule précise. Si, en définitive, les intérêts, les salaires et le capital sont réglés comme production et rémunération par la loi de l'offre et de la demande, ils ont dans leur production ou formation des influences morales, de celles mêmes qui rendent impossibles la confection de formules mathématiques ou exactes touchant la loi de la population et celle de la rente. L'on ne peut pas dire que le capital soit avantagé au profit des salaires ou les salaires au profit du capital. Les expressions de cette sorte font naître des erreurs considérables parce qu'elles n'expriment pas le phénomène réel de la répartition des produits de travail. Le taux des salaires, en effet, peut diminuer avec une augmentation de population, de même que l'intérêt des capitaux peut s'élever après une crise où beaucoup de capitaux ont été détruits. Or si les capitaux se reforment rapidement et amènent par leur accroissemnnt la baisse du taux de l'intérêt, la population en excédent ne disparaît pas de la même façon et l'élimination plus lente peut être retardée par d'autres causes. Au contraire, lorsqu'une nation est obligée de prendre chez elle les hommes les plus vigoureux pour en faire des soldats, elle diminue le nombre des vendeurs de travail et alors le prix des salaires s'élève, mais comme nous l'avons vu, la population tend alors à augmenter sous l'influence de cette hausse des salaires. Si la nation, au bout d'un temps assez long, devient pacifique et se contente d'une armée permanente peu nombreuse, il se trouve un excédent de vendeurs de travail ; une crise en résulte inverse de la première. Il est évidemment certain que, dans ce cas, les effets de la cause retombent sur ceux qui n'ont que leurs salaires pour vivre. Ceux qui possèdent un petit capital pourront attendre que la loi de l'offre et de la demande, après avoir terminé ses grandes oscillations de crise, reprenne ses petites oscillations de période normale.

Capitaux fixes et circulants. — Les capitaux eux-mêmes, bien qu'ils soient des *richesses*, qu'ils aient en général la même nature et, en fin de compte, la même destination, se divisent en deux grandes classes selon la durée de leur consommation reproductive.

Tout capital étant une accumulation déterminée de *richesses* destinée à être employée productivement, il en résulte que cet emploi reproductif n'est qu'une transformation, une *consommation reproductive*, — toute consommation improductive étant appelée dépense de luxe. Les capitaux tirent donc souvent dans l'industrie — puisqu'ils ne sont que des *richesses* appelées capital pour indiquer la fonction à laquelle on les destine — leur nom et leur fonction de la nature même des richesses ; parfois, ils les tirent aussi, malgré leur nature, de la volonté de l'homme.

On divise les capitaux en *fixes* et en *circulants* ; les capitaux fixes s'usent plus lentement ou, plutôt, se transforment plus lentement : tels sont les machines-outils, les bâtiments, les barrages de rivières et même l'aiguille du tailleur ; sont capitaux circulants ou se reproduisant vite : les matières premières nécessaires à l'industrie, etc.

Suivant leur destination, certains capitaux qui semblent par nature, *circulants*, sont *fixes* ; ainsi les capitaux-monnaie qui servent aux échanges ou qui représentent l'épargne attendant un emploi productif.

Le rapport de la quantité des capitaux circulants aux capitaux fixes est ausssi réglé par la loi de l'offre et de la demande. Comme ils sont l'un et l'autre rémunérés par l'intérêt, il s'ensuit que, si l'intérêt des capitaux fixes restant constant, les capitaux circulants augmentent et par conséquent ont une rémunération moins élevée que celle qu'ils avaient précédemment, ces capitaux circulants tendront à se transformer en capitaux fixes et inversement.

La proportion rationnelle et nécessaire des uns et des autres, dans une société, est fixée par la loi de niveau et d'équilibre de l'offre et de la demande. Disons que l'art industriel a une grande influence sur cette proportion. Certaines découvertes réduisent, par l'emploi de machines produisant plus avec une dépense égale, le rôle des capitaux fixes. D'autres, au contraire, comme celle de l'application de la vapeur à la locomotion ont créé ou transformé d'énormes capitaux fixes.

Crises économiques. Leurs causes. — Les oscillations des valeurs des marchandises en temps normal, réglées en dernière analyse, par la loi de l'offre et de la demande, ne présentent que des variations relativement peu importantes. Mais parfois, de même que l'aiguille aimantée de la boussole en temps d'orage, elles subissent des soubresauts brusques et affectent le marché sur lequel elles se produisent, et même parfois, lorsqu'elles ont des causes générales, les marchés du monde entier.

Les crises ont des causes très différentes : des causes politiques, des causes économiques, des causes naturelles.

1° Les causes politiques sont : les guerres entre nations ou civiles; l'expulsion ou le bannissement d'un grand nombre d'industriels. (Révocation de l'édit de Nantes.)

Dans cette classe on pourrait placer aussi — bien qu'elles relèvent au fond de l'économie politique — les lois prohibitives qu'une nation fait pour élever des barrières et des douanes entre elle et ses voisins, sous prétexte de protéger le travail national.

En cette circonstance, si la décision prise a été imprévue, les autres pays qui possédaient un grand approvisionnement de marchandises, en vue d'échanger avec cette nation, subissent le contre-coup d'une diminution brusque de demande de ces marchandises.

2° Les causes purement économiques sont celles qui viennent d'une mauvaise administration; ce sont des erreurs de prévision d'appréciation, commises par un grand nombre d'industriels dans un pays. La crise du bâtiment à Paris, il y a une dizaine d'années, a été un exemple frappant du manque de tact économique de ceux qui ont dirigé la construction de maisons trop no nbreuses et mal aménagées pour la *demande* d'appartements. En effet, il y avait demande d'appartements, mais non d'appartements du prix de ceux offerts par les constructeurs.

3° Enfin des causes naturelles, comme les mauvaises récoltes produites par le mauvais temps; la destruction des vignes par le phylloxera; les maladies en général qui affectent brusquement les fruits de la terre ou les animaux de culture

C'est en somme quelle que soit la cause de la crise, par une diminution rapide du capital que se manifeste une crise. Ses conséquences sont : baisse de valeur d'un grand nombre de marchandises et surtout des capitaux fixes, lesquels, à cause de leur nature ne peuvent être *réalisés*, transformés facilement, d'où leur dépréciation;

hausse de la valeur des capitaux-monnaie, impossibilité où sont les débiteurs d'exécuter — surtout dans le commerce — leurs engagements. Ce dernier phénomène est facile à comprendre. Les marchandises ayant baissé de valeur, les industriels ou commerçants qui possèdent en magasin des marchandises subissent une diminution d'*avoir*. Le papier qu'ils ont sur la place n'a plus même la valeur antérieure ; à plus forte raison ne peuvent-ils plus user du contrat de crédit. C'est alors que l'on dit vulgairement que l'*argent est rare*, parce que plus demandée dans les transactions — le papier de commerce faisant défaut — la monnaie est plus employée, plus éparpillée si l'on peut s'exprimer ainsi.

8ᵉ LEÇON.

LES DEUX SYSTÈMES-TYPES D'APPROPRIATION DES
RICHESSES. — COMPARAISON DE LEUR ACTION SUR
LES PHÉNOMÈNES ÉCONOMIQUES.

L'appropriation par autorité ; l'appropriation par liberté.
Leur action sur les éléments de la puissance productive. —
La liberté étend la puissance productive. — Nécessité de
l'appropriation par autorité dans certains cas. — Limites
scientifiques entre les deux systèmes. — La science économique conclut à l'extension de la liberté et ne considère
l'autorité que comme une exception nécessaire. — La
propriété privée.

Nous avons indiqué, très sommairement, dans
la cinquième leçon, la nature de l'appropriation
des richesses par la liberté. Dans les leçons suivantes nous avons analysé, autant que le programme nous l'a permis, les phénomènes que présente l'échange, puis la façon dont se forme le coût
de production, et enfin, comme conséquence, nous
avons montré comment agissait la loi de l'offre et
de la demande dans la répartition des produits
du travail. La notion d'échange en économie
politique supposant un système d'appropriation
par la liberté, il s'ensuit que la répartition des
richesses telle que nous l'avons étudiée n'est soumise qu'à la loi souveraine de l'offre et de la demande. C'est en somme le mécanisme de l'appropriation par la liberté que nous avons fait passer

rapidement devant vos yeux, non dans tous ses détails, nous ne le pouvions pas, mais dans ses grandes lignes.

Historiquement, nous l'avons déjà dit, la liberté, et les échanges se sont dégagés, malgré les restrictions, de la vieille formule antique, de l'appropriation par autorité. Aucun écrivain, aucune école, n'ont proclamé l'utilité des échanges, dès le moment où les échanges ont commencé, sous forme de contrebande, à aider les hommes à satisfaire leurs besoins. Bien mieux, des restrictions vinrent contrarier leur dévoppement. Malgré l'état de guerre presque continu dans le monde antique, ils se sont cependant développés par une poussée naturelle des tendances de l'homme à obéir à la loi de l'économie des forces. Et à mesure que les échanges prenaient plus de place dans les sociétés, la responsabilité économique de chaque homme grandissait. Les gouvernements toléraient, bien plus qu'ils ne l'admettaient et le reconnaissaient, ce système d'appropriation par la liberté qui s'infiltrait peu à peu dans les sociétés.

Les besoins, nous le savons, sont la première cause qui pousse l'homme au travail. Or ce travail peut être règlementé ou libre parce que ces besoins eux-mêmes peuvent être réduits ou étendus.

Sous le régime de l'appropriation par autorité, l'homme est dirigé par une force supérieure à laquelle il obéit, de laquelle il reçoit des ordres plus ou moins précis, il n'a point à prévoir, à discuter pourquoi il agit ; s'il veut étendre sa vie, il ne le peut. L'autorité sous laquelle il produit, est, en général, dans l'antiquité, une croyance religieuse que fait respecter un monarque absolu ; parfois la religion du monarque n'est que son bon plaisir. Quoiqu'il en soit, l'on comprend que, dans ce cas, les éléments de puissance productive dépendent, quant à leur accroissement, de cette autorité. Si l'on se souvient de ce que nous avons dit lorsque nous avons analysé ces éléments de puissance productive, l'on peut se rendre compte des heurts, des à-coups, des frottements que cause une autorité qui ne peut prévoir, mesurer, étudier les besoins, les aptitudes de tous les hommes. Aussi a-t-on dit que l'idéal de l'appropriation par autorité était un couvent.

Le système d'appropriation par la liberté donne à l'homme, au contraire, toute la responsabilité économique. Les besoins ne sont alors ni classés, ni catalogués, ni mesurés. Ce n'est généralement pas un règlement qui frappe l'homme imprévoyant ou dissipateur, sous le régime de la liberté, c'est une loi naturelle, et, comme nous le verrons, la loi naturelle est autrement juste dans ses exécutions que les lois humaines.

Nous allons donc comparer ces deux systèmes, mais il est bien entendu qu'ils ne sont pas exclusifs, que si l'un, de plus en plus développé tend à dominer l'autre, il ne le fait pas disparaître.

Suivant le degré de civilisation d'un peuple, une part plus grande de l'un ou de l'autre est évidemment utile. L'on comprend très bien que, demain, par exemple, l'on donne entièrement la liberté d'émission des billets à toutes les banques d'Angleterre ; il serait peut être dangereux de le faire dans tout autre pays peu avancé au point de vue économique. Pour se servir de la liberté, il faut que l'homme ait déjà une notion, sinon de son usage au moins des bienfaits qu'elle procure. Un peuple qui ne serait pas susceptible de prévoyance, d'épargne, ferait un dur apprentissage, si l'on ne lui mesurait la liberté. L'air et la lumière sont parmi les éléments nécessaires à la vie de l'homme ; plus il en possède, plus il a une santé robuste. Ce ne serait pas une raison, néanmoins, pour mettre un homme qui aurait vécu dans une cave absolument obscure devant un soleil éblouissant.

Dans la comparaison que nous allons faire de l'action de chacun des deux systèmes-types d'appropriation, nous supposons que la société où sont faites ces deux expérimentations théoriques, s'il est permis de s'exprimer ainsi, est une société moderne civilisée. C'est séparément que nous ferons agir chaque système, sur les différents éléments de puissance productive.

Différence de l'action exercée sur les éléments de puissance productive par chacun des systèmes types d'appropriation.

1º *Agents naturels.* — Il y a peu de chose à dire relativement aux agents naturels. Il ne s'agit, en effet, ici que des agents naturels appropriables. Nous verrons, dans la partie pratique du cours, de façon plus complète, ce qu'on entend par régime de propriété, comment s'est créé la propriété individuelle. Quant à la loi restrictive de la rente, elle aurait son effet sous un régime d'autorité aussi bien que sous un régime de liberté. Le coût de production des produits agricoles demandés, et, pour lesquels il faut défricher des terres moins fertiles, s'élèverait toujours, la *différence* entre ce prix du coût de production sur des terres nouvellement défrichées et celui du coût de production sur des terres fertiles ne serait pas payé à une personne déterminée, mais au gouvernement, à l'autorité, car, comme nous l'avons vu, l'effort plus grand que demande une production nouvelle dans l'art agricole ne serait pas supprimé. Or, que cet effort plus grand soit rémunéré par le jeu libre de l'échange et payé en monnaie ou marchandises qui sont des produits du travail, ou que cet effort soit directement demandé par l'autorité à ceux qui lui obéissent, il y a toujours peine, effort plus grand pour un produit moindre. Nous allons voir que l'art industriel qui tend à diminuer les conséquences de la loi de la rente, à déplacer souvent ce monopole naturel, à le rendre, par conséquent, moins sensible, s'élève moins vite, est plus restreint, sous le régime d'autorité que sous celui de la liberté. En résumé, la loi de la rente aurait donc des résultats moins restrictifs sous la liberté que sous l'autorité, l'art industriel ayant moins de puissance sous le premier régime que sous le second.

2° *Travail.*

a. — *Travail musculaire.* — Il semble, au premier abord, que le travail musculaire s'accommode mieux pour son plus grand développement du système d'autorité que du système de liberté.

Si l'on considère l'homme à demi sauvage, il est certain qu'il a besoin d'être dirigé et conduit ; il faut même le pousser au travail par la force, ou par la crainte de punitions. C'est ainsi que s'est faite historiquement, du reste, l'éducation économique des peuples. Mais à mesure que la civilisation grandit, que les occupations sont partagées entre un plus grand nombre d'hommes, c'est-à-dire que la division du travail s'introduit naturellement dans les groupements sociaux, la discipline par réglementation devient alors moins nécessaire. Beaucoup d'hommes, et des plus intelligents, essaient d'utiliser en dehors des règles de l'autorité, leur force musculaire, dans leur intérêt propre. Et quand la liberté vient donner à l'homme la libre disposition de cette force, qui donc mieux que lui-même saura la diriger, la conserver, l'utiliser ? Chaque individu a sa façon particulière d'entretenir sa santé et ce ne sont pas des règles générales qui peuvent, en ce cas, convenir à toutes les constitutions.

Si l'on voulait rendre la différence du travail musculaire obtenu dans les deux systèmes d'appropriation plus sensible, il suffirait de comparer, comme on l'a fait souvent, l'esclave, à l'ouvrier libre. Le premier n'a qu'un but, éviter une peine qui ne lui rapporte tout juste que la vie, désobéir en cachette au règlement. Le second étant rétribué par un salaire, proportionnel en général aux efforts qu'il déploie, a *intérêt* à travailler. Il sait qu'en augmentant sa peine, il tend à augmenter son salaire, sa rémunération, à

étendre sa vie. Il est évident que l'esclave et l'ouvrier complétement libre et agent économique
intelligent sont aux deux extrémités de l'évolution sociale. Là, comme partout ailleurs, l'on peut
constater cependant, que la liberté s'est introduite
par nécessité, qu'elle s'est fait jour en dépit des
obstacles. Il a suffi qu'on permette à l'esclave
d'av ir un pécule pour entretenir, par exemple
sa vie, pour que la responsabilité pesant sur cet
esclave, il ait montré plus d'activité dans les travaux qui lui étaient directement profitables.

Les ouvriers, bien qu'il aient retiré de grands
avantages de la liberté ne l'ont point encore ac-
ceptée comme le système d'appropriation le plus
conforme à leurs désirs. Il leur faut précisément
tenir compte de la responsabilité qui leur incombe,
prévoir le lendemain, éviter le gaspillage de leurs
salaires, en un mot économiser leurs forces. Ils
ont pendant des siècles subi les règlements d'autorité et pensent encore éviter la misère par ce
moyen, ignorants qu'ils sont des terribles maux,
des crises cruelles qui venaient jeter la perturba-
tion dans le monde antique et aussi dans celui
de l'ancien régime.

Le régime d'autorité leur enlève cette responsabilité de chaque jour, il assure leur existence
pour un temps, mais il ne peut élargir cette existence et, si bien constituée qu'elle soit, une organisation sociale de cette espèce ne réussit jamais
à éloigner les crises. Bien mieux ces crises sont
plus longues et ont un effet plus cruel lorsque
l'initiative individuelle n'existe pas. Les crises,

dans ce cas, ressemblent aux paniques des armées qui se débandent et fuient, quand les ordres habituels viennent à manquer, lorsque l'imprévu se dresse, déconcertant les chefs.

b. — *Travail d'épargne.* — Nous savons ce qu'est le travail d'épargne, il nous suffira, comme pour le travail musculaire, de nous rappeler ce que nous en avons dit dans l'analyse des éléments de puissance productive, afin de déterminer les conditions de son action sous le système d'appropriation par la liberté. L'homme n'épargne que pour s'éviter plus tard un effort, il épargne par intérêt. Il constitue ainsi le capital, facteur nécessaire de la production. Pour épargner, l'homme doit avoir une certaine force morale, il doit s'abstenir. La nature le pousse-t-elle à cet acte ? Au premier abord, on pourrait croire que l'homme n'a pas de tendances à l'épargne, qu'il est par nature dissipateur. Ainsi, sous l'empire de la liberté, l'homme ayant le droit d'user des richesses qui lui appartiennent, comme il l'entend, et une partie de ces richesses devant être conservées pour former le capital, facteur nécessaire à la production, ne semble-t-il pas préférable de confier à quelques personnes expérimentées, le soin de prélever la part de capital nécessaire sur les richesses de la société ? Dans ce cas, il faut une réglementation étroite des dépenses de chacun, une organisation dont un régiment nous offre l'exemple. Assurément, dans ce cas, la dépense de chaque individu est moindre, comme la dépense de chaque soldat dans le régiment. Il faut pour arriver à ce résultat réduire les besoins des individus les *égaliser*, les niveler en un mot. Certes l'opération paraît facile, surtout pour ceux qui édictent les règlements et ne les subissent pas toujours. Cependant, quelle sera la quantité de richesses converties en capital ? Quelle sera celle des richesses données comme revenus à consommer pour la société ? C'est là que le problème devient compliqué. Car, si l'on réduit les besoins d'un côté, l'on n'a plus besoin d'un puissance productive aussi grande qu'avant, et le capital augmenté devient inutile pour une part. A moins que de nouveaux besoins soient décretés par le pouvoir directeur. Or, ces besoins doivent être fixés uniformément pour chaque individu, c'est-à-dire être égaux. L'on voit la difficulté de cette administration compliquée. Ni la statistique, ni les plus grands génies politiques ne pourraient suffire à déterminer ces quantités de capital ou de besoins. Voilà pour la difficulté d'organisation, lorsqu'on ne réduit pas la société à n'être qu'un couvent ou un régiment.

Il convient aussi de voir quel motif pousse les administrateurs d'une société soumise à l'appropriation par autorité, à économiser. Est ce l'intérêt général ? Ce n'est qu'un mot, comme l'on peut s'en convaincre en étudiant la façon dont sont administrées les fortunes des Etats. Aucun intérêt ne les fait agir ainsi. Comment sont-ils aidés aussi dans leur tâche — en supposant qu'ils la remplissent — par leurs administrés ? L'administré n'a non plus lui aucun intérêt direct à épargner ; l'intérêt général est pour lui aussi, bien plus encore que pour l'administrateur, une idée vague dont il n'a cure.

Tous les jours se présentent des exemples de ce fait. Tous les jours nous voyons comment les contribuables essaient de se soustraire au paiement des impôts en invoquant des excuses de toutes sortes. Et les fraudes de douane, d'octroi, ne sont-elles pas aussi une marque du mépris profond qu'a l'administré pour l'intérêt général? Sous le système d'appropriation par autorité, l'administré n'a aucun intérêt à économiser au delà de ce que lui commande le règlement; le plus souvent il viole secrètement le règlement et comme l'esclave pour le travail musculaire, il s'évite une peine morale d'abstention, il n'épargne pas parce qu'il n'a aucun intérêt direct, personnel, d'épargner.

Dans le système d'appropriation par autorité, l'épargne est faite par des fonctionnaires et tout d'abord, il paraîtrait qu'il en résulte un avantage qu'on ne ne trouve pas dans la liberté : c'est que le capital coûte peu sous l'empire de la liberté, celui qui épargne, épargne parce que on lui paie sa peine, son effort, cette rémunération s'appelle l'intérêt; on a vu dans les leçons précédentes comment le taux de cet intérêt tend à s'établir, comment il entre dans le coût de production des produits d'une entreprise. Si l'on y regarde de plus près, on verra que l'épargne, sous le système de l'autorité ne peut se faire gratuitement. Les inspecteurs, les employés de l'Etat, les contrôleurs, toute l'armée des surveillants chargée d'empêcher le gaspillage, de déterminer la part de chacun dans les produits du travail, et enfin les conservateurs du capital économisé ne rempliront pas ces emplois, ne rendront pas ces services sans être rétribués. Ce seront, au sens propre du mot, des fonctionnaires chargés de l'épargne, de la conservation du capital. Ils rempliront dans la société soumise au système d'appropriation par autorité les fonctions qu'exerce le propriétaire sous l'empire de la liberté.

Mais le propriétaire, sous l'empire de la liberté, libre de ses actes, est responsable de sa bonne ou de sa mauvaise gestion. S'il se trompe, il est impitoyablement puni, sans que l'intercession de personne puisse éloigner le châtiment. Les lois naturelles du jeu libre de la loi de l'offre et de la demande, lui enlèvent la fonction qu'il remplit mal et qui passe en d'autres mains plus aptes. La sélection se fait sans intervention de l'autorité, justement, dans l'intérêt de la société. S'il administre bien, au contraire, le capital qu'il a entre les mains, il est recompensé par l'intérêt. C'est cet aiguillon et la responsabilité inéluctable de ses actes qui font du propriétaire, fonctionnaire libre, un administrateur autrement sagace, vigilant, rempli de prudence que ne l'est l'inspecteur, ou le contrôleur, ou le conservateur sous le régime de l'appropriation par autorité.

Il est évidemment impossible de supprimer la fonction de surveillant et de conservateur du capital dans une société quelconque, à quelque système d'appropriation qu'elle soit soumise. La fonction de surveillance, d'entretien des capitaux de toutes sortes, étant indispensable, il est aussi évident que le fonctionnaire-libre, c'est-à-dire le propriétaire, est directement intéressé à administrer économiquement les capitaux dont il a le droit d'user et d'abuser. Malgré les apparences, il veillera avec plus de soin à la conservation de ses capitaux que le fonctionnaire, retribué par des appointements fixes. Si l'on voulait, du reste, un supplément de preuves à cet égard, l'on n'aurait qu'à comparer les produits sortis des usines de l'État avec ceux fournis par l'industrie privée, surtout au point de vue des prix de revient. Le *coulage* et le gaspillage a toujours été énorme dans toutes les entreprises gérées par l'État.

La division du travail sous l'empire de la liberté a ses pleins effets. Ce sont les intéressés qui jugent de l'utilité des divers arrangements d'atelier, des aptitudes de ceux qu'ils emploient. Aucune règle ne ferme une carriére à quiconque veut y entrer. Seules, les lois naturelles tendent à équilibrer le nombre des hommes employés dans des entreprises diverses. Sous l'appropriation par autorité, il y a nécessairement une division du travail qui a pour base la hiérarchie; et l'on sait les obstacles qu'opposent la hiérarchie et les bureaux, au progrès. Il n'y a pas unité de commandement dans les entreprises, le contrôle, la direction, la réception des produits sont confiés à des administrateurs distincts et, comme dans toute hiérarchie, il se trouve des gens qui travaillent peu, qui commandent ou discutent, et d'autres qui travaillent et obéissent. Or, sous la liberté, il n'en est pas de même, et nous voyons que, quand le capital est possédé et employé par un homme qui, en même temps, travaille et surveille, la puissance productive s'accroît par l'économie constante de forces de toute nature qu'emploie cet homme.

c. — Art industriel. — L'art industriel, comme nous l'avons vu, consiste dans les inventions qui tendent à donner de plus en plus un produit plus grand avec un travail moindre. La machine nouvelle perfectionnée ou créée l'est donc en vertu de la loi d'économie des forces. Il convient alors de rechercher quels mobiles pousseront les inventeurs à poursuivre leurs travaux.

Les inventeurs ne peuvent pas, du reste, être élevés et instruits pour devenir des inventeurs. L'on enseigne un métier, une science, un art, il est difficile d'enseigner l'invention. Les découvertes dans l'art industriel viennent toutes des principes des sciences physiques, etc. Mais combien de gens savent la chimie, la physique, les mathématiques et malgré cela n'inventent rien ! Est-il besoin de rappeler les travaux d'application des inventeurs célèbres qui n'étaient ni des savants ni mêmes des gens très instruits ? Si donc l'on ne peut sous le régime de l'appropriation par autorité créer des écoles professionnelles d'invention, d'où puissent sortir de réels inventeurs, quel mobile poussera les inventeurs d'ordre si différents, dissiminés dans toutes les parties de la société, à continuer leurs recherches ? Des primes en argent, dira-t-on ? Dans ce cas la distribution de ces récompenses serait fort difficile et elle assurerait la supériorité à ceux qui pourraient le mieux faire valoir leurs droits près des distributeurs. Aucun autre intérêt ne solliciterait d'ailleurs les inventeurs. Comme chaque individu ne pourrait à son gré changer de métier, ou comme il rencontrerait de nombreux obstacles à ses désirs, il lui serait impossible d'aller où ses aptitudes le conduiraient. Beaucoup de gens qui ont débuté dans un métier, l'ont abandonné et en ont pris plusieurs autres avant que de réussir, parce qu'ils cherchaient, comme on dit vulgairement, leur voie. Leur travail se trouvant toujours le même avant comme après l'invention, la récompense étant problématique, il s'ensuit que, placés dans de mauvaises conditions quant à leurs aptitudes, ils ne voient point une rémunération suffisante pour l'avenir, assurée à leur invention.

Il se peut que sous le système d'appropriation par la liberté, les inventeurs demeurent souvent pauvres, soit parce qu'ils négligent leurs propres intérêts, soit parce qu'ils ne sont pas toujours en mesure de produire l'objet inventé et de l'offrir sur le marché tel qu'il le faut à l'industrie. Néanmoins, beaucoup d'entre eux ont retiré profit de leurs inventions et un profit considérable. Si les risques sont grands, en effet, les avantages le sont plus encore.

L'intérêt des inspecteurs, contrôleurs surveillants du système d'appropriation par l'autorité n'est pas de voir simplifier le travail de surveillance, de contrôle. Or les inventions ont souvent pour conséquence de supprimer le travail de ces fonctionnaires. Une machine, par exemple, qui, avec un volume beaucoup plus petit produira le travail que rendaient deux machines plus grosses exigeant chacune un atelier spécial, supprimera un atelier et un ou plusieurs surveillants.

Est-il besoin maintenant de montrer quel intérêt l'entrepreneur aussi bien que l'ouvrier ont à voir surgir les inventions ? Les premiers, avec des machines, des outils perfectionnés, voient diminuer le prix de revient de leurs produits; les seconds, s'ils n'ont pas un intérêt aussi direct, si au premier abord même les inventions semblent être un désavantage pour eux, n'en sont pas moins poussés à modifier l'outil dont ils se servent, parce qu'ils savent que leur salaire étant généralement proportionnel au travail utile fourni, l'invention, outre ses bénéfices propres, leur apporte une économie de peine et parfois une augmentation de salaires.

La production étant proportionnelle à la puissance productive laquelle se compose d'éléments sur lesquels nous avons étudié l'action de chacun des deux systèmes types d'appropriation, nous pourrions en conclure que le système d'appropriation par la liberté, est plus favorable au développement de la puissance productive que le système d'appropriation par autorité.

Il nous reste cependant à indiquer les avantages et les désavantages généraux de l'un et de l'autre.

Il est bien entendu, qu'aucun de ces deux systèmes n'est et ne peut devenir absolument parfait. L'un par comparaison est préférable à l'autre, tout simplement.

Le système d'appropriation par autorité a cet avantage, d'enlever tout souci aux administrés, de supprimer pour le plus grand nombre la responsabilité.

Le désavantage correspondant est que, sous ce système, les besoins doivent être limités ou méconnus, ou bien étendus artificiellement, de telle sorte qu'ils peuvent ne pas être les mêmes pour la plupart des gens en faveur desquels on les a décrétés.

Sous le régime de la liberté, l'homme est le propre artisan de sa fortune. Responsable de ses actes, il ne dépend pour leur récompense ou leur punition que des lois naturelles. Parfois, il est imprévoyant et souffre de son imprévoyance. Parfois, l'industrie, qui n'est nullement réglementée, peut se tromper, créer involontairement une crise, comme nous l'avons dit quand nous avons parlé des crises commerciales ; mais aussi, nous savons avec quelle promptitude les capitaux sont de nouveau créés, avec quelle énergie la marche en avant est reprise. Si la puissance productive reste la même, elle a bientôt réparé le mal, elle s'étend sans limites assignables, naturellement dominée par la loi de l'économie des forces qui trouve sur ce terrain son entier développement. Nous bor-

nerons là cette analyse des deux modes-types
d'appropriation. Nous étudierons dans la partie
pratique de ce cours, qui va faire l'objet des
leçons suivantes, quelle part doit être faite à chacun des deux dans nos sociétés modernes. Nous
avons dit qu'ils n'étaient point exclusifs, que si la
liberté faisait de plus en plus reculer les limites
de l'autorité, elle ne pouvait les supprimer. Pour
nous, il est démontré que la liberté économique
s'est développée naturellement malgré les entraves, qu'elle seule assure le développement régulier des lois naturelles, que si des crises éclatent
et font sentir leurs cruels effets, la faute en est à
l'ignorance trop grande des lois économiques, aux
monopoles, aux règlements d'autorité encore trop
nombreux qui contrarient la liberté, seule capable, non de supprimer les crises, mais d'en atténuer les effets.

Ni l'un ni l'autre système ne peuvent conduire
les hommes vers un bonheur parfait, dans un
paradis terrestre où il n'y ait ni travail, ni responsabilité. Mais l'un, celui de la liberté, peut
permettre à un plus grand nombre d'hommes de
vivre dans de meilleures conditions, sur la planète.

L'idéal du système d'appropriation par la liberté
est devant nous et notre nature nous pousse à
essayer d'y atteindre; l'idéal du système d'appropriation par autorité est bien loin derrière; il faut
remonter aux temps archaïques pour avoir une
idée de ce que pourrait être l'application absolue
de cette organisation sociale.

Mais devant la liberté se dressent des obstacles :

l'ignorance; l'intérêt de ceux qui jouissant de monopoles n'ont nulle envie de subir les effets de la concurrence. La liberté aussi a pour effet, comme nous l'avons dit, d'exiger de l'homme une lutte incessante. Celui qui ralentit sa marche est distancé ; pour peu qu'il s'attarde il est vaincu. Le paupérisme est la conséquence inévitable de la lutte pour la vie. Mais ces vaincus ne le sont pas brutalement, ils peuvent chercher un autre champ de lutte, se relever. Le paupérisme est dû en partie, au passage de l'autorité à la liberté, à la transition de l'ancien régime au nouveau. Il y aura toujours des pauvres comme il y aura toujours des criminels, mais le nombre des uns et des autres ira en diminuant à mesure que la théorie de la lutte pour la vie sera mieux comprise, que chaque homme obéira plus intelligemment à la loi de l'économie des forces.

LA PROPRIÉTÉ. — LA LIBERTÉ DU TRAVAIL.

La propriété : exception au droit de propriété. — Attributions législatives de l'État. — L'État est surtout chargé
d'assurer le respect de la liberté. — Restrictions apportées
au droit de propriété et à la liberté du travail; monopoles
de toute nature, surtout ceux constitués par les droits de
douanes. Contrat de prestation de travail.. — Notions
élémentaires sur les contrats de crédit.

Les huit leçons précédentes ont été consacrées
à l'examen rapide des lois naturelles de l'Économie politique, lois universelles et permanentes,
vraies dans le temps et dans l'espace, comme
toutes les lois scientifiques. Leur étude nous a
permis de conclure que la meilleure organisation
économique de la société, celle qui appelle à la
vie et dans les conditions les plus avantageuses,
le plus grand nombre d'hommes, est l'organisation par la liberté.

Or si cette organisation ne semble pas présenter
théoriquement de grosses difficultés, à cause de
la nature si claire et si haute de son principe, elle
offre en réalité dans l'application des problèmes
assez complexes.

La science se compose d'un petit nombre de
vérités d'où découlent des applications multiples
et d'autant plus diverses que le développement
économique des peuples ne s'est point fait histori-

quement partout de la même façon. Invinciblement, peu à peu, les lois naturelles se sont fait jour et l'homme a été porté, dans la plupart des cas inconsciemment, à leur obéir, guidé par une sorte d'instinct de son intérêt, par la loi mécanique en quelque sorte qui domine sa vie et ses actes : celle de l'économie des forces; mais il a appliqué, suivant les temps et les lieux, cette loi, de façons diverses.

Dans l'organisation sociale, comme dans l'organisation particulière des entreprises, les lumières de l'Économie politique aident puissamment à la solution des problèmes dont le nombre est infini.

Aussi ne traiterons-nous, dans les quelques leçons qui nous restent à faire, que les points principaux. Ce seront des sommets, des points culminants de grande triangulation comme on dit en géodésie, entre lesquels à l'aide de lectures, peut se faire la topographie des détails.

Les deux systèmes-types coexistent ainsi que nous l'avons dit déjà, dans la plupart de nos sociétés modernes avec des degrés de puissance différents. L'autorité est représentée par un pouvoir directeur, l'État, lequel a des attributions spéciales et fort variables que nous étudierons tout d'abord. Quant à la liberté, elle n'est représentée par aucune personne civile ou morale; elle est le droit pour chacun d'employer ses forces comme il l'entend ; encore faut-il que cette liberté soit constatée et déterminée par une loi. La loi qui constate et détermine le genre d'appropriation auquel est soumise une nation, est la loi fondamentale en droit.

Attributions de l'État : législatives ; administratives. — Dans nos sociétés modernes, le système d'appropriation par la liberté est reconnu par une loi. Cette loi *crée* le droit de propriété individuelle économique en ces termes : « La « propriété est le droit de jouir et disposer des « choses de la manière la plus absolue, pourvu « qu'on n'en fasse pas un usage prohibé par les « lois ou par les règlements. » (Art. 544 du code civil.)

Nous employons l'expression propriété individuelle économique parce que le mot propriété seul est trop synonyme d'appropriation et ne désigne pas précisément de quel genre d'appropriation il est question.

Mais si le droit de propriété tel que nous le concevons aujourd'hui et tel qu'il est défini dans le code civil, est créé par la loi, il ne s'ensuit pas que le législateur ait créé l'*idée*, la *notion* de propriété individuelle économique. Bien que cette notion nous paraisse très simple, elle n'a cependant pas été le fondement de la propriété antique. Elle s'est fait jour peu à peu, péniblement, à travers les siècles, et le législateur qui l'a subie, n'a fait que codifier le système de propriété qui dominait ou tendait à dominer dans la société malgré les vieilles lois et les entraves.

Les échanges — qui ne furent au début que de la contrebande — n'étaient pas précisément en honneur dans l'antiquité. Aristote et Platon font

du commerce « des travaux dégradés et con-
« traires à la vertu ». Presque toutes les nations,
entr'autres l'Égypte où certaines connaissances
étaient très étendues, édictèrent des peines contre
les commerçants. L'appropriation primitive absolue, que l'on croyait définitive, était une forme
éternelle, un dogme auquel c'était un sacrilège de
ne pas se soumettre

A Rome, la propriété était inaliénable, et cette
idée d'inaliénabilité reposait sur des croyances
religieuses, comme l'a démontré M. Fustel de
Coulanges dans son livre remarquable : *la Cité
antique.*

Néanmoins, l'appropriation par la liberté grandit lentement ; on l'accepte parce qu'on ne peut
la chasser, et l'on ne prend aucun soin de l'étudier et de lui donner les moyens de se develop-
per. Il faut après de long siècles, arriver aux
républiques italiennes du moyen-âge, pour la
retrouver vivace. Au xviiie siècle seulement, on
s'occupe d'étudier la science des richesses, et l'on
détermine les premières lois de l'Économie politique. Non seulement on sent mais on comprend, on explique les bienfaits et les avantages
de la liberté, que l'on résume dans cette formule
célèbre : « Laissez faire, laissez passer. » Puis
Turgot définit la liberté du travail, dont la conséquence est le droit de propriété individuelle économique.

C'est que le travail libre de l'homme a plus
d'effets avantageux que le travail soumis aux
règlements de l'autorité. Le travail libre permet-

tant à l'homme de produire à son gré, à ses risques et périls, il était évident que le produit de son travail, sa part dans une œuvre, devait lui appartenir. La propriété individuelle est donc sortie naturellement de la liberté du travail, et la liberté du travail, elle-même, est venue de l'échange vers lequel l'homme a été poussé dès les premiers temps de la civilisation par sa tendance à satisfaire des besoins nouveaux au prix d'un travail moindre.

L'appropriation par autorité a une place nécessaire dans la société, mais à mesure que les hommes comprennent les avantages de la liberté, cette place devient de plus en plus restreinte. Cependant, il est des limites naturelles que la liberté ne peut franchir; ce sont des exceptions à ce droit de propriété. Elles sont peu nombreuses; elles s'expliquent par l'impossibilité où serait l'individu d'intervenir. Ces exceptions au droit de propriété sont :

1° *L'expropriation* qui ne peut être faite aujourd'hui que dans un intérêt public et pour laquelle on indemnise le propriétaire. Il serait en effet impossible de construire des routes, des canaux, etc. si l'on ne donnait à l'État le droit d'expropriation.

2° *La prescription*, mesure de police pour éviter les procès.

3° Nous n'avons pas à examiner ici les lois sur *les testaments* et sur les *successions*, les restrictions élevées de ce côté ne sont pas nécessaires, elles peuvent se justifier par des raisons d'ordre moral dans lesquelles nous n'entrerons pas.

CONTRATS. — Sous le système d'appropriation par liberté, les individus ont le libre pouvoir de contracter; aucun empêchement, si ce n'est l'obligation de respecter les mœurs et les lois, ne vient entraver leur volonté. Ils peuvent s'engager pour un temps plus ou moins long, dans des conditions qu'ils choisissent. La loi n'intervient que pour faire respecter les contrats, c'est-à-dire les engagements des contractants; dans ce cas, l'autorité n'est qu'une conséquence de la liberté.

La liberté des contrats telle que la conçoit l'Economie politique et telle qu'elle découle du principe de la liberté du travail, bien qu'elle soit reconnue par la loi et qu'elle tienne une grande place dans la société, a néanmoins de nombreuses exceptions. Les unes sont légitimées par certaines considérations, les autres n'ont aucune raison d'exister et sont les entraves les plus dangereuses placées devant l'homme.

Parmi les premières il convient de citer les brevets d'invention.

Les inventions, on le sait, ne s'incorporent à aucun objet déterminé. Un principe scientifique découvert et étudié reste souvent sans application industrielle pendant longtemps. Si beaucoup d'autres découvertes ont été utiles dans la succession des siècles, pour préparer les savants à la découverte de ce principe, combien d'essais seront tentés avant qu'une application pratique en soit sortie! Que d'individus inconnus les uns aux autres y coopèrent ! L'on ne peut dire qui a inventé la machine a vapeur. Les travaux de tout genre auxquels se livre l'humanité ont apporté chacun leur part dans la création de la machine définitive propre à l'industrie. Il semblerait donc, au premier abord, que les inventions doivent appartenir au domaine commun — ce qui existe en général. Cependant, il n'en est pas ainsi. Afin d'exciter l'émulation des inventeurs, la loi accorde un avantage à l'inventeur de toute machine, procédé ou produit, à condition que cette machine, ce procédé ou ce produit, soit décrit, expliqué. Quand la machine, par exemple, est bonne et peut être utilisée industriellement, l'inventeur en a la propriété pendant un certain temps après quoi son invention tombe dans le domaine commun. Le privilège dont jouit l'inventeur est constaté par un *brevet d'invention*. Si la machine reste sur le papier, n'est qu'un simple dessin, le brevet peut toujours être pris, il est alors un titre sans valeur.

Quoique il en soit, l'on protège partout les inventeurs dans le but de les encourager, d'exciter leur intérêt pour les travaux de recherches. En certains pays, les brevets sont garantis par le gouvernement qui fait passer un examen préalable au preneur de brevet. En France l'autorité publique ne garantit pas la valeur du brevet. Les contrefacteurs ont donc le droit de discuter la priorité de l'invention. Ce système est certainement le plus sage.

— *Les privilèges* données par l'État à des compagnies ou à des individus sont contraires au principe de la propriété individuelle économique ; tel est le privilège donné à la Banque de France, d'émettre des billets. Sous l'ancien régime, ces privilèges étaient nombreux, Turgot en a décrit dans ses lettres au Ministre, alors qu'il était intendant de la province du Limousin. Il n'est pas besoin d'insister pour montrer les inconvénients d'un pareil système ; ces inconvénients sont ceux qu'on trouve dans l'appropriation par autorité. La concurrence seule, comme nous l'avons vu dans l'étude analytique de l'échange entre plusieurs individus, permet aux individus de satisfaire, au moindre prix et dans de meilleures conditions, leurs besoins. Le monopole s'oppose au progrès en général. Celui qui jouit d'un privilège de cette nature n'a aucun intérêt à modifier sa fabrication, à abaisser son prix de revient ; il fixe, à peu près comme il l'entend, son prix de vente, est le maître du marché. Ces monopoles sont en petit nombre, il ne présentent pas de danger, du reste, parce qu'ils ne menacent pas de s'étendre. Disons, en outre, qu'il ne faut pas confondre avec les monopoles, les contrats que font les villes, les communes et parfois l'État avec des compagnies pour certains travaux publics, pour l'éclairage, la canalisation et la fourniture d'eau, etc. Généralement, les sociétés chargées de ces services ont obtenu par adjudication ces différents travaux, c'est-à-dire en concurrence avec des sociétés ou compagnies rivales, et cela pour un temps déterminé.

Système protecteur. — Monopole par les droits

de douane. — Le plus dangereux des monopoles est sans contredit, actuellement, le monopole créé par les droits de douane. Ce monopole étant indirect, ne s'apercevant pas bien au premier abord, et ne paraissant pas froisser les idées d'égalité devant la loi, c'est vers lui que tendent les efforts de tous ceux qui trouvent plus simple et plus facile de faire des bénéfices aux dépens des consommateurs, en supprimant la concurrence étrangère.

La liberté du travail implique le droit pour chacun d'user comme il l'entend du produit de son travail, et cela non seulement dans son pays, mais sur la surface du globe, pour tous les produits. Les monopoles créés par les lois de douane ont pour but de restreindre le principe de la liberté du travail, de ne permettre l'échange libre que pour les produits fabriqués dans le pays, pour les produits nationaux. Pour cela, l'on place aux frontières des agents de la douane chargés, ou d'arrêter complètement le passage des produits étrangers importés dans le pays, ou de faire payer à l'entrée, pour ces produits, un droit tel qu'il élève leur prix de vente de façon à les empêcher de faire concurrence aux produits nationaux.

On voit alors ce qui se produit, le consommateur qui pourrait acheter un produit au prix de dix, venant de l'étranger le paiera douze ou quatorze au producteur national après la création des droits de douane. Le producteur national jouit donc d'un monopole qui lui permet de faire des bénéfices sans travail par le seul fait de la suppression de la concurrence étrangère. Outre ce désavantage considérable pour le consommateur, il faut considérer aussi que, comme dans tous les monopoles, quelle que soit leur origine, la production ne peut s'améliorer parce que la puissance productive reste stationnaire, et, le plus souvent, diminue. Protégé, le producteur national, n'est nullement incité à perfectionner ses procédés de fabrication et l'organisation de son industrie. Il s'endort dans la sécurité que lui donne la certitude d'un gain facile. Or l'on sait que la puissance productive doit être constamment maintenue à son degré de force, si non augmentée, et que tout abaissement de puissance productive tend à restreindre la population.

Le monopole créé par les lois de douane a été défendu par des arguments qui trouvent tous leur réfutation dans les principes d'Economie politique.

Les trois principaux sont :

1° La balance du commerce ;

2° L'indépendance nationale ;

3° La protection du travail national.

1° La théorie de la balance du commerce est aujourd'hui à peu près abandonnée par les partisans de la protection.

Une idée qui remonte aux époques les plus reculées, celle qui consiste à croire que la richesse se compose exclusivement des matières d'or et d'argent, en fait le fond. Donc, l'idéal pour un peuple serait de posséder beaucoup de mines d'or et d'argent, ou d'introduire le plus possible de métaux précieux chez lui. Or le seul moyen de garder chez soi ces métaux précieux, c'est de ne pas les laisser sortir, ou de vendre aux étrangers et de ne pas leur acheter. Si les *importations*, en conséquence, sont plus grandes que les *exportations*, il y a perte ; la différence s'appelle balance du commerce ; il faut la solder en or ou en argent.

Il suffit, pour montrer la fausseté de cette théorie, de se rappeler la définition de la monnaie : « une *marchandise* commune mesure entre les « autres marchandises. » Si l'or et l'argent sont une marchandise, ils subissent les effets de la loi de l'offre et de la demande, ils varient quant à la valeur ; s'ils sont accumulés en grande quantité, ils baissent de valeur chez le peuple protégé en faveur de qui penche la balance du commerce ; par contre, leur valeur s'élève chez le peuple voisin qui a payé la différence et a beaucoup de marchandises. Or les marchandises varient en raison inverse de la monnaie : pour un prix égal, on a moins de marchandises dans le pays favorisé par la balance du commerce que dans le second. Dans cette situation le second pays n'achète plus de marchandises à ce premier pays lequel, sous l'influence des intérêts privés, tend à exporter sa monnaie dont la valeur est plus grande au dehors. Dans cet état, le premier pays n'a plus d'acheteurs, il manque de marchandises qu'il pourrait se procurer à bon marché s'il n'y avait la barrière prohibitive des droits de douane.

Nous savons du reste que la monnaie sert aux échanges, qu'elle les rend faciles, qu'elle tend à augmenter la puissance productive pour cette raison, mais qu'elle ne constitue pas la richesse par elle-même. Aujourd'hui, l'emploi du billet de banque et du papier dans les échanges, ont de plus en plus discrédité cette théorie. Les faits aussi la contredisent formellement. Des nations comme l'Angleterre et la Hollande importent plus qu'elles n'exportent. Sont-elles des nations qui s'appauvrissent?

2° La théorie de l'indépendance nationale n'est guère mieux établie que celle de la balance du commerce. Comme tout échange avec l'étranger est suspendu par l'état de guerre, on en a conclu qu'il ne fallait pas dépendre de ses voisins pour le matériel des armées. Il faut remarquer que, comme autrefois, l'état de guerre, surtout de guerre générale, n'existe plus. Et puis les nations neutres ne suppriment pas leurs relations commerciales avec les belligérants; bien au contraire, elles les approvisionnent de fournitures militaires. Remarquons, en passant, que les relations commerciales tendent, d'un autre côté, par les intérêts engagés de part et d'autre, à empêcher les guerres d'éclater.

« L'indépendance nationale » a une autre forme — car elle en a pris beaucoup qui ne valaient pas mieux les unes que les autres — elle consiste dans cette idée, qu'une nation qui exporte ses produits agricoles pour importer des produits manufacturés s'appauvrit, parce qu'elle épuise peu à peu son sol. Cela aurait lieu si l'art agricole ne rendait pas à la terre les substances chimiques que lui enlèvent les récoltes. L'air, l'eau, les résidus de toutes sortes venant des fabriques, la boue des villes où sont consommés les objets manufacturés, sont employés à cette reconstitution ; on importe même des engrais, des graines, etc. Rien ne se perd, rien ne se crée, l'on trouve aujourd'hui dans les résidus les plus divers les éléments de fertilisation du sol, et il n'est nullement difficile de se les procurer.

3° Quant à la théorie du travail national, elle a eu et a encore une grande influence sur le public. C'est avec elle, du reste, que les partisans de la protection obtiennent le plus de succès dans les Parlements.

« Acheter des produits de l'étranger, disent les défenseurs des monopoles constitués pas les droits de douane, c'est encourager l'industrie du pays où l'on achète, c'est de plus entretenir le travail de ce pays. Or, pendant ce temps, les ouvriers, compatriotes de ces acheteurs chôment, les affaires ne vont pas, les impôts se paient mal ; peu à peu l'esprit national tend à se perdre. Le patriotisme exige donc que l'argent national aille à des nationaux, que le travail national soit protégé. » Il est facile de voir, cependant, ce qui arrive dans le cas où l'on protège, et de faire le compte des prétendus avantages qu'a la nation protégée.

Soit le pays A, ce pays achetait au pays B, des chemises qu'il payait 3 francs. Le pays A veut relever son industrie, protéger le travail national, porter des chemises nationales, il élève des barrières devant les chemises du pays B. En même temps, par ce fait, le prix des chemises nationales, s'élève à 5 francs. Il y a certainement avantage pour les industriels fabricants et pour les commerçants du pays A. Mais le consommateur sort de sa poche 2 francs de plus qu'auparavant. En outre, beaucoup de gens qui achetaient 12 chemises à 3 francs n'en achèteront plus que 6 à 5 francs ; il y aura là réduction des besoins. D'un autre côté, le pays B n'était pas seulement un vendeur pour le pays A, il achetait aussi à ce pays des soies, par exemple, il n'en achètera plus : les fabricants de soie éprouveront donc une perte de débouchés et par conséquent une perte de profits. Si quelques fabricants de chemises se sont établis dans le pays A, des fabricants de soie y disparaîtront. Supposons un instant que les ouvriers non occupés dans la soie, le soient dans les chemises, (ce qui n'est pas praticable mais ce que nous admettrons pour rendre notre démonstration plus forte) il n'en reste pas moins établi qu'il n'y a pas plus d'ouvriers qu'avant, employés et payés. De plus, le prix des chemises s'est élevé et le consommateur a réduit ses besoins, car, s'il donne 2 francs de plus pour avoir une chemise, il ne peut plus par exemple, se procurer un autre objet avec ces deux francs. Alors il fera une économie de deux francs de cravates, et réduira d'autant la vente et la production des fabricants de cravates.

Le protectionnisme tend en fin de compte, à augmenter le prix des objets, à restreindre les besoins et la population ; il est une exception au principe d'égalité devant la loi, car il n'est qu'un monopole et monopole d'autant plus dangereux,

que le consommateur ne sait jamais au juste ce
qu'il paie indûment aux industriels protégés.

Nous n'entrerons pas ici dans l'analyse des
autres restrictions apportées au droit de propriété ; nous allons maintenant nous occuper du contrat de prestation de travail et voir comment les
règles du contrat en général — tel qu'il est défini
comme conséquence de la liberté du travail, —
s'appliquent au prêt de services.

Contrat de prestation de travail (1). — Le contrat de prestation de travail est celui par lequel un
individu s'engage à prêter ses services à un autre
qui accepte les conditions convenues. Sont contrats de prestation de travail, aussi bien les contrats qui lient l'ouvrier industriel au patron que
ceux qui engagent le malade envers le médecin,
le domestique envers son maître.

Le contrat de prestation de travail est nouveau,
puisqu'il est une conséquence de la liberté du
travail. Il a fait une profonde révolution dans le
monde des salariés qui, habitués depuis des
siècles à vivre sous le régime de l'appropriation
par autorité, ne comprennent pas tous les avantages de ce contrat. Les corporations, aussi bien
en Grèce qu'à Rome, et dans presque tous les
pays au moyen-âge, réglementaient le nombre
des apprentis, des patrons, des ouvriers, fixaient
les rapports de ces individus entr'eux. L'apprentissage de la liberté ne se fait pas en un jour, et

(1) Voir plus loin p. 169 quelques considérations spéciales
sur le contrat de prestation de travail.

malgré les déclamations lancées par les partisans de l'appropriation par autorité contre le contrat de prestation de travail, peu à peu sous l'influence d'une meilleure éducation économique chez les acheteurs comme chez les vendeurs de travail, ce contrat sera mieux compris, plus intelligemment conclu de part et d'autre.

Comme dans tous les contrats en général, lesquels sont issus du principe de la liberté du travail, les contractants doivent être libres et indépendants. Il faut qu'il y ait égalité civile du patron et du salarié, que l'un n'ait pas un avantage venant de la loi sur l'autre. Ils peuvent être pressés par des causes autres, par le besoin, le désir d'épargner, etc.; mais ces mobiles sont ceux qui font agir l'homme, lequel dépend de ses besoins et des lois naturelles en général. Cependant, comme l'acheteur de travail pourrait abuser de la faiblesse du vendeur pour lui faire prendre un engagement à temps, la loi, qui s'appuie sur la maxime : « nul ne peut être forcé de faire » vient corriger cet abus. L'acheteur de travail, en effet, est le plus souvent dans une situation qui lui permet en certains cas, d'obtenir des promesses de celui qui ne possède rien. De la part du vendeur de travail, ce contrat n'est qu'un engagement moral, aussi sa durée est-elle toujours très courte. La non exécution du contrat de prestation de travail se résout en des dommages et intérêts, mais il n'est guère que le patron qui puisse les payer, lorsqu'il n'a pas rempli ses engagements. La maxime de droit : « nul ne peut être forcé de faire » semble, du reste, venir de cette observation économique, que le travail forcé n'est généralement pas productif. Un ouvrier que l'on obligerait à travailler malgré lui, nécessiterait une surveillance de tous les instants. Cette indépendance corporelle de l'homme tire son explication du principe d'utilité. En réalité, le travail forcé industriel serait impraticable.

Contrats de crédit. — Nous n'examinerons parmi ces contrats que le contrat de prêt, le plus important de tous, sans contredit.

Dans le contrat de prêt, celui qui emprunte s'engage à restituer, au bout d'un temps déterminé, les objets que lui livre le prêteur, et à payer pour cela une somme d'argent appelée intérêt. Il peut se faire que les objets livrés doivent être restitués en nature et pour cela conservés; quand ce sont des prêts d'argent ou de toutes choses destinées à être consommées, l'emprunteur en rend l'équivalent en monnaie.

Nous avons dit que le travail d'épargne devait être légitimement rémunéré puisqu'il était une peine; nous ne reviendrons pas sur ce point, ni sur les causes générales qui font varier le taux de l'intérêt. Nous tenons simplement à montrer que la limitation du taux de l'intérêt ne peut en rien être utile à ceux qu'elle veut protéger, et à la société en général. L'or et l'argent ou un capital quelconque sont aussi bien les uns que les autres, des richesses, en d'autres termes des marchandises. Pourquoi ne seraient-ils pas assimilés à ces dernières et ne jouiraient-ils pas des conséquences fécondes de la liberté du travail? Du reste l'emprunteur obéré, malgré les lois restrictives, trouvera toujours un prêteur, et ce prêteur lui demandera un intérêt très élevé, d'abord parce que son capital court des risques, ensuite parce qu'il commet une infraction à la loi contre l'usure, et qu'il court lui-même le risque d'être puni. La liberté supprimerait le second risque qui ne pourrait plus être compté. De plus, les prêteurs à gros risques, pouvant se montrer au grand jour, l'offre étant mieux connue et plus connue, l'intérêt baisserait.

10ᵉ LEÇON.

L'INTERVENTION DE L'AUTORITÉ ; SES LIMITES. — ATTRIBUTIONS DES PARTICULIERS.

Attributions administratives de l'État : nécessaires, facultatives. — Attributions des particuliers. — Trois fonctions
industrielles. — Sous la liberté aucune caste n'existe. —
La loi de l'offre et de la demande règle le nombre des
individus dans chaque profession de façon souveraine.

Nous avons exposé quel était le système d'appropriation le plus avantageux pour une société ; nous avons montré en outre que la loi positive qui créait le droit de propriété moderne, était la loi fondamentale qui établissait le système d'appropriation par la liberté ; nous avons indiqué les exceptions nécessaires au droit de propriété, et les exceptions artificielles violant le principe de la liberté du travail. Il nous reste maintenant à étudier l'action administrative du gouvernement ou de l'État.

L'État représente le système d'appropriation par autorité, mais cette autorité, si elle ne peut être complètement supprimée, est condamnée par l'Économie politique, lorsque les services auxquels elle pourvoit peuvent être rendus par les particuliers. Tel est le principe : ne laisser à l'État que les attributions qui, par leur nature, ne peuvent en aucun cas être abandonnées aux individus.

Pratiquement, il est difficile d'appliquer immédiatement ce principe; trop d'obstacles s'y opposent, et parmi les plus difficiles à renverser, il faut placer l'ignorance, le manque d'éducation économique.

Nous serons donc forcé, à cause de cela, de diviser les attributions ordinaires de l'État en trois classes :

1° Les attributions nécessaires.

2° Les attributions facultatives.

3° Les attributions qui devraient appartenir aux particuliers.

1° Certains services, purement sociaux et collectifs, comme la défense du pays, la justice, la police ne peuvent être rendus que par l'État. Afin de pourvoir à ces services, l'État prélève sur les administrés ce qu'on appelle l'impôt. L'impôt étant prélevé par autorité, ne faisant pas l'objet d'un échange entre l'État et les particuliers, il s'ensuit qu'il est en général d'un établissement très difficile. L'on peut dire qu'il n'y a pas de bons impôts, il peut y en avoir, par comparaison, de moins mauvais les uns que les autres, mais tous gardent le défaut de leur origine : ils viennent de l'appropriation par autorité.

Cette nécessité où se trouve l'État de lever l'impôt a créé pour lui le droit d'emprunter. Emprunter, c'est grever pour l'avenir ceux qui paient l'impôt, c'est en somme établir un impôt pour plus tard. Les emprunts sont donc dangereux en ce sens qu'ils ne frappent pas immédiatement le contribuable; ils sont néanmoins utiles dans certains cas, comme pour une guerre, par exemple, ou encore pour la confection de travaux publics nécessités par des découvertes industrielles.

L'État doit aussi augmenter et entretenir ce que nous appellerons l'outillage national, mais toujours dans les limites strictement déterminées par l'impossibilité où se trouvent les particuliers de remplacer ce même État. L'on peut très bien supposer, qu'en ce qui concerne les travaux publics, l'État n'intervienne que comme surveillant chargé des intérêts généraux. Une compagnie construit une voie de transports, un canal, elle a obtenu pour cela l'autorisation de l'État. Le canal achevé elle peut l'exploiter directement. Cependant, comme la concurrence sérieuse ne peut s'établir, l'État intervient pour fixer les tarifs. Assez souvent, l'État exploite les voies de transports. Ce système a un inconvénient, c'est que le contrôle effectif manque. Très certainement une compagnie chargée d'exploiter une voie de transports sous les conditions d'un cahier des charges, si elle était l'objet d'une surveillance attentive de l'État, rendrait des services à meilleur marché que l'État. L'État ne peut guère surveiller l'État, d'autant plus que l'entreprise de ces vastes exploitations demande des directeurs intéressés directement au succès de l'entreprise, et non des fonctionnaires dont l'avancement, le plus souvent, dépend bien plus des règles de la hiérarchie, des influences de l'esprit de corps, que des services réels rendus.

L'État étant chargé nécessairement de rendre la justice, il est évident qu'il doit être aussi chargé de l'entretien des prisons.

L'assistance publique, qui a pour but de soutenir aux frais communs de la collectivité, les faibles, les malades pauvres, relève de l'État. Elle est une des parties les plus délicates de l'administration. Trop d'assistance augmente le nombre des mendiants, trop peu, laisse des misères non soulagées. En règle générale, l'assistance doit surtout s'occuper du service des hôpitaux. Si l'on ne peut toujours savoir si un homme valide mendie parce qu'il ne veut pas travailler, l'on reconnaît facilement les malades, les faibles, les infirmes, qui n'ont aucun soutien, ni aucun moyen possible d'existence. C'est donc vers ce but que doit tendre surtout l'assistance publique, qui le plus souvent, hélas! commet dans ses distributions d'argent ou de bons d'aliments, de grandes erreurs au détriment des vrais pauvres.

2° Les attributions facultatives du gouvernement comprennent : la création et l'administration des Caisses d'Epargne, des Assurances sur la vie, des Caisses de retraite pour la vieillesse. Chez un peuple où l'initiative individuelle manque, c'est-à-dire où l'éducation économique n'est pas arrivée à un certain degré, il peut être nécessaire que l'État intervienne pour fonder les institutions dont nous venons de parler; il ne peut le faire toujours sans danger. L'État étant représenté par des hommes qui n'ont pas un intérêt immédiat et direct à administrer économiquement, il arrive que le taux de l'intérêt des caisses d'épargne, des caisses de retraite, s'élève souvent trop haut et que ces opérations finissent par endetter le trésor public. Comme il n'y a aucune impossibilité à ce que les particuliers créent et gèrent ces institutions, il semble bien préférable, dans un pays civilisé et déjà en possession depuis quelque temps de la liberté, de laisser ces attributions aux individus.

On range dans la même catégorie les dépenses du culte et celles de l'enseignement. Cependant, pour l'enseignement primaire et supérieur, l'intérêt général exige peut-être que cette attribution du gouvernement ou de l'État soit classée dans les attributions nécessaires. L'on dit, en effet, que chaque membre de la société étant appelé à jouir de l'égalité civile et politique, à prendre part au gouvernement de son pays, à le servir en cas de guerre, ce pays doit être connu de lui. L'État aurait donc le devoir de donner aux individus cet enseignement premier. L'enseignement supérieur ayant pour but de faire progresser les sciences et de provoquer des découvertes scientifiques, le plus souvent non rémunérées par la voie de l'échange, il peut paraître utile de rémunérer par autorité ceux qui se livrent aux travaux spéculatifs.

3° *Attributions que ne devrait point avoir l'État.* —Il peut y avoir discussion et avis différents quant aux attributions facultatives de l'État, il ne saurait, dans nos sociétés civilisées, y en avoir quant à l'émission des billets de banque et quant à l'enseignement professionnel. Les attributions nécessaires de l'État sont facilement déterminées par leur nature ; il en est de même des attributions qui reviennent aux particuliers. Emettre des billets de banque, c'est faire acte de commerce. Comme le commerce — tout au moins intérieur — est réputé libre, c'est apporter à cette liberté une restriction que les craintes pusillanimes des partisans de l'autorité ne justifient pas. Pourrait-il y avoir émission trop grande de billets ? Chacun sait que si l'on porte à cinq manœuvres chargés de remuer de la terre dix pelles, cinq seulement serviront. Les banques d'Écosse, si elles ne jouissent pas, depuis le bill de 1845 demandé par Robert Peel, d'une liberté illimitée, en ont une relativement grande. Or elles ont fait de l'Écosse un pays riche et prospère.

L'enseignement professionnel venant de l'État ne saurait valoir celui de l'enseignement libre, soit dans l'atelier, soit dans l'école. L'enseignement professionnel de l'État a une conséquence dangereuse : le monopole des diplômes. C'est une exception au principe de la liberté du travail, un reste de l'appropriation par autorité. C'est même de ce côté que le socialisme d'État qui n'est que le système d'appropriation par autorité, c'est-à-dire le socialisme tout pur, tend à reprendre actuellement la place qu'il a eu jadis dans la société.

ATTRIBUTIONS DES PARTICULIERS

Les attributions dont nous entendons parler ici, sont celles qui comprennent toutes les fonctions industrielles et autres, qui échappent à l'action nécessaire du gouvernement. Les particuliers sont donc soumis, dans ces fonctions, au libre jeu des lois naturelles. Nous venons de parler des conditions d'arrangement de la société en général, nous allons nous occuper de l'arrangement d'atelier ou d'industrie. Le rôle de l'autorité étant surtout de faire respecter la liberté, il en résulte que les fonctions des particuliers sont les véritables fonctions économiques, les fonctions normales de la vie sociale.

L'État n'intervient même pas pour déterminer le nombre des individus dans chaque profession. Le principe de la liberté du travail qui domine toute cette partie pratique de l'économie politique, abandonne aux particuliers le soin de choisir une carrière, d'essayer de prendre dans la lutte pour la vie la place qu'ils croiront la meilleure. Nous laisserons de côté les professions libérales constituées chez nous par le monopole des diplômes pour ne nous occuper que des fonctions industrielles.

Dans notre société, où, sur certains points, l'appropriation par autorité se défend toujours avec opiniâtreté, les fonctions industrielles jouissent, sinon d'une défaveur, tout au moins d'une faveur moindre que les professions dites libérales.

Si, comme dans l'antiquité, l'on ne méprise pas ouvertement les professions industrielles ou commerciales, il semble plus « distingué » d'entrer dans les administrations de l'État ou de profiter du monopole des diplômes qui donnent accès dans les carrières libérales. Au fond, c'est toujours le sentiment de l'antiquité qui subsiste, l'aversion pour tout ce qui concerne les échanges. Mais ce qui pouvait paraître naturel chez des philosophes comme Aristote et Platon, dans des sociétés comme celles des Grecs, des Romains et des Egyptiens, ne s'explique plus guère aujourd'hui chez des hommes modernes, après les merveilles qu'ont enfantées l'industrie et le commerce, après l'extension si rapide de la civilisation. Pour les anciens, toute modification apportée à la société était une atteinte profonde au dogme immuable sur lequel reposait cette société. De nos jours, ce ne devrait cependant pas être ce préjugé qui dominerait ; assez de démolisseurs et de constructeurs de sociétés ont montré quel respect ils professaient même pour tout ce qui est principe ! Les fonctions de l'État présentant l'avantage de ne faire peser qu'une responsabilité illusoire sur ceux qui les détiennent, peuvent, pour cette raison, attirer un grand nombre de personnes. Il est plus difficile de comprendre quel mobile pousse certains autres vers les fonctions dites libérales. Ce n'est pas le monopole résultant des diplômes. Les fortunes s'acquièrent moins vite dans ces professions libérales que dans l'industrie ou le commerce ; c'est bien plutôt un préjugé très enraciné qui vient de l'enseignement classique. Lorsqu'on a été élevé en « antique », on s'essaie à vivre comme les antiques ; on garde inconsciemment leurs idées, et quelque peu de vanité aidant, l'on dédaigne les fonctions industrielles.

L'Économie politique enseigne qu'aucune profession n'est plus noble qu'une autre, que dans la lutte pour la vie, la place où on lutte importe peu, mais bien la façon dont on lutte. Nous savons quel est l'idéal de la société moderne ; nous savons que le travail libre sous toutes ses formes tend à accroître la puissance productive de la société, et qu'aucune de ces formes de travail ne donne une prééminence sur l'autre. Sous l'empire de la liberté, tous les hommes sont égaux devant les lois naturelles.

L'on peut réduire à trois les fonctions industrielles, ce sont :

1° Celle du salarié.

2° Celle du capitaliste.

3° Celle de l'entrepreneur.

Il est bien évident que l'homme n'est pas libre de choisir entre ces diverses fonctions. Dès le début, c'est-à-dire lorsqu'il entre comme agent dans la production, il est par sa situation propre ou celle de sa famille, placé dans l'une de ces trois catégories. Il peut donc, dans la catégorie à laquelle il appartient, choisir sa place. Au point de vue purement économique, l'homme pour se décider devrait, si cela était possible, tenir le plus grand compte de l'offre et de la demande du travail qu'il offre lui-même. Il n'en est pas ainsi, d'abord parce que l'homme est poussé plus souvent, dans le choix d'une profession, par d'autres considérations que les considérations économiques : par les conseils de sa famille, le sentiment, les habitudes ; ensuite, parce que voulût-il se renseigner au sujet de l'offre et de la demande de son travail, qu'il ne le pourrait pas d'une façon certaine. Le salarié surtout peut choisir entre une foule de professions, chercher celle où le salaire est le plus élevé, s'assurer si cette hausse n'est que temporaire, etc. L'entrepreneur, ou du moins celui qui se destine à la direction des entreprises, commence rarement à entrer dans cette profession, à moins qu'il ne soit capitaliste. Pour être entrepreneur, en effet, il faut, ou avoir des capitaux personnels, ou offrir assez de confiance pour obtenir du crédit. Or ces derniers n'obtiennent cette confiance qu'après un stage plus ou moins long, comme ouvriers ou commis, comme salariés en un mot. Pour la plupart des individus, c'est donc parmi les fonctions des salariés (ouvriers, employés, commis, etc.), qu'il faut choisir.

Le capitaliste a sa fonction tout indiquée à moins qu'il ne veuille se mettre entrepreneur. Il n'est que libre de choisir entre les divers placements qui s'offrent pour ses capitaux. C'est une des fonctions les plus délicates, car, de la bonne ou de la mauvaise direction qu'on donne aux capitaux, dépend la direction de l'industrie. Généralement, le capitaliste qui a gagné lui-même sa fortune est bien plus apte à la diriger que celui auquel elle est venue par le jeu, ou par des successions inespérées.

Ces fonctions ne sont artificiellement fermées à aucun de ceux qui peuvent y entrer. Le salarié devient assez souvent entrepreneur, puis capitaliste ; par contre des capitalistes ou des entrepreneurs sont forcés d'entrer dans la catégorie des salariés. Ils sont les uns et les autres récompensés ou punis de la façon dont ils ont conduit leur vie ; ils ne peuvent échapper aux conséquences de leurs fautes.

Il y a donc entre ces diverses catégories des fonctions industrielles un phénomène d'endosmose et d'exosmose sociale. La répartition des individus entre les diverses professions est faite par la loi d'équilibre de l'offre et de la demande. Actuellement, les moyens de renseignements pour l'offre et la demande de travail n'existent guère (1). Les questions industrielles et commerciales, dans leur ensemble, n'intéressent que très peu, la plupart du temps, ceux qui vivent de l'industrie et du commerce. L'enseignement économique, largement répandu, rendrait de grands services à ce point de vue. Au lieu d'entrer aveuglement dans une carrière où la rémunération tend à être de moins en moins élevée, l'homme pourvu de ren-

(1) On vient de créer cependant un *Office du Travail* qui semble établi sur les mêmes principes que les Bureaux de Travail institués aux Etats-Unis. Il est possible qu'il rende des services généraux en ce qui concerne la statistique ; il est douteux qu'il arrive à être réellement utile au point de vue professionnel.

seignements et d'éducation économique, pourrait porter ses bras, son intelligence ou ses aptitudes, là où elles seraient plus demandées. Il y a aussi dans ce calcul, des probabilités, des chances dont il faut tenir compte. Mais dans tout ce qui touche à l'homme, il y a une portion d'inconnu qu'on ne peut déterminer, parce que l'homme est un être variable, quant à ses besoins et quant à ses goûts.

Il faut considérer que la division du travail ou coopération complexe permet à un plus grand nombre d'hommes de choisir une profession plus conforme à leurs aptitudes, et que les voies de transport rapide facilitent l'équilibre du prix des salaires sur le marché. Ajoutons que plus le marché est étendu, moins les crises sont fréquentes, et que toutes les barrières tendant à entraver le commerce, l'émigration ou l'immigration sont contraires à la liberté du travail et augmentent les difficultés qu'ont les hommes à choisir une profession.

L'entrepreneur doit, comme le salarié, étudier le marché et savoir si le produit qu'il va offrir est demandé ou susceptible d'une augmentation de demande ; il doit aussi connaître son prix de revient, savoir s'il est inférieur à celui des entreprises fournissant des produits similaires, prévoir si plus tard ce prix de revient peut être abaissé par d'autres entrepreneurs. Quoique là les observations semblent plus complexes, elles sont pour une partie plus faciles que celles que doit faire le salarié. Le prix du produit est connu ; le prix de revient, s'il n'est pas le même pour toutes les industries du même métier, peut-être déterminé tout au moins quant au maximum. Le fait de la demande du produit est aussi assez facile à connaître ; les mercuriales, les journaux commerciaux l'indiquent, et bien plus facilement que la demande ou l'offre de travail pour les salariés. Mais l'entrepreneur a aussi, lui, son calcul de probabilités à faire ; il doit tenir compte du hasard, de la chance. Parfois, une invention surgit qui fait disparaître tout le matériel d'une industrie et le remplace par un autre ; si l'entrepreneur n'a pu prévoir ce changement, le hasard l'a frappé, mais, si, au moment de fonder son industrie, il entend parler d'essais, de découvertes tendant à changer les conditions du travail dans cette industrie, il est coupable de ne pas se renseigner exactement sur la valeur de ces découvertes et la probabilité de leur application. Très souvent le salarié, par habitude, regarde l'entrepreneur comme un guide. C'est pourquoi l'entrepreneur a une responsabilité double et doit être capable de commander, d'être prévoyant. Certains entrepreneurs, mieux placés cependant que leurs ouvriers pour observer ce qui se passe sur le marché, voyant leur industrie disparaître peu à peu, leurs produits de moins en moins demandés, s'entêtent, luttent inutilement contre le goût du jour, et communiquent ainsi une confiance funeste à leurs employés et ouvriers dont le passage dans d'autres professions pourrait se faire progressivement et sans secousse, s'ils étaient prévenus à temps de la baisse de demande du produit qu'ils fabriquent.

11ᵉ LEÇON

DIRECTION ET ADMINISTRATION DES ENTREPRISES
INDUSTRIELLES.

Emploi des capitaux. — Maximes relatives à l'emploi des
capitaux fixes et circulants. — Des dépenses personnelles
de l'entrepreneur. — Emploi du travail, l'esclavage ; le salaire à temps, aux pièces. — Augmenter la puissance productive par arrangement du travail, ce n'est pas demander du *surtravail*. — Exemple de la division du travail.
— La comptabilité ; son utilité.

L'entreprise une fois fondée, sa direction appartient exclusivement à l'entrepreneur. Cette direction, quoique unique dans son ensemble, comprend deux parties distinctes : 1° l'administration
intérieure, 2° l'écoulement ou l'échange des produits.

L'administration intérieure, qui préside à la
fabrication du produit, s'exerce sur les éléments
de puissance productive : les agents naturels
fécondés par les capitaux, les capitaux propre-
ments dits et le travail.

Nous réduirons sous le nom de capitaux en
général, les deux premiers éléments, qui se con-
fondent du reste. L'action de l'administration
intérieure d'une entreprise porte donc sur :

1° L'emploi des capitaux.
2° L'emploi du travail.

1º *Emploi des capitaux.* — Les capitaux, nous l'avons vu, se divisent, suivant leur nature, en deux classes : les capitaux fixes, les capitaux circulants ; les premiers sont ceux qui sont indispensables à une entreprise, comme les bâtiments ou terres, les machines ou instruments, etc., tous capitaux qui sont du reste nécessaires à l'établissement de l'entreprise et à son fonctionnement, ceux enfin dont on ne pourrait distraire une partie sans arrêter la production dans cette entreprise. Les capitaux circulants sont ceux qui peuvent se transformer rapidement, comme les matières premières en approvisionnement, ainsi que les fonds de salaires, etc.

M. Courcelle-Seneuil a résumé en ces deux maximes, l'emploi des capitaux fixes et circulants :

« 1º Il faut réduire autant que possible les capi-
« taux fixes et ne pas craindre d'exagérer les capi-
« taux roulants ;

« 2º Lorsqu'on use du crédit, il n'est prudent
« d'emprunter qu'à long terme les capitaux fixes,
« tandis qu'on peut utilement emprunter à courte
« échéance les capitaux roulants. »

Il est évident que les capitaux fixes comme bâtiments, machines, outils, etc., ayant une destination déterminée, ne peuvent être employés à toutes sortes d'usages ; ils subissent de grosses dépréciations en cas de crise, et en temps normal même, ils éprouvent presque toujours, après liquidation, une baisse de valeur. C'est pourquoi lorsqu'on établit le prix de revient d'une entreprise, l'on y fait toujours entrer, d'abord l'usure lente, la transformation par amortissement des capitaux fixes, mais encore une prime pour les risques de variation de valeur de ces capitaux. Aussi est-il absolument nécessaire qu'on tire des capitaux fixes tout le travail utile, comme on dit en mécanique. Une machine à vapeur qui ne serait chauffée que trois heures ou six heures par jour, représenterait pendant tout le reste du temps un capital inactif.

Le capital-terre est aussi affecté par les crises. Il peut hausser ou baisser de valeur, suivant les cas; mais, en temps normal, il ne subit pas généralement une dépréciation aussi forte que celle des bâtiments ou des machines, par exemple. La raison en est qu'on peut demander à la terre des produits très variés. Aussi les bonnes terres de culture gardent-elles, en temps normal, même après liquidation, leur valeur courante. Supposons qu'une industrie agricole, comprenant des terres en cultures et des bâtiments et machines destinés à produire du sucre de betteraves vienne à liquider. Comme les machines ne peuvent servir qu'à cette industrie spéciale, elle subiront une grosse baisse de valeur. Quant aux bâtiments, ils seront aussi soumis à une dépréciation assez forte, parce que, pour servir à une exploitation agricole, ils sont inutiles à côté de ceux qui ont déjà cette destination. Mais les terres, si l'on n'y cultive plus la betterave, pourront produire des céréales, des fourrages, du lin, d'autres plantes industrielles.

On ne peut cependant augmenter indéfiniment

le capital roulant si l'on n'augmente pas le capital fixe. Il se peut que, le capital fixe restant le même, en doublant ou en triplant le capital circulant, on obtienne des produits doubles, triples et même plus élevés; mais si l'on continue à augmenter le capital roulant, il arrive un moment où l'intérêt de ce capital baisse et n'augmente plus.

Dans l'industrie manufacturière, il arrive le plus fréquemment que l'on peut réduire sans trop de limites assignables, le capital fixe eu égard aux capitaux circulants ou roulants. En agriculture, il n'en est pas de même, quelque culture intensive que l'on fasse. Les capitaux enfouis dans la terre, à titre d'amendements ou d'améliorations, deviennent des capitaux fixes. La part de capitaux fixes réductible en agriculture est celle qui représente les instruments de culture. Quoiqu'il en soit, la règle est que les capitaux roulants se prêtant à des transformations rapides, l'entrepreneur doit en avoir provision, afin de pouvoir, dans certains moments de baisse de valeur des matières premières qu'il emploie, faire approvisionnement de ces matières premières s'il le juge à propos, ou séparer et remplacer les capitaux fixes détruits ou devenus inutiles à la suite de nouvelles inventions.

La seconde maxime est une conséquence du même principe sur lequel s'appuie la première : les capitaux fixes ne se reconstituent que lentement par un long amortissement. Il est donc utile, lorsqu'on emprunte un capital destiné à créer une entreprise et à être transformé en capital fixe, pour une part, de calculer le temps nécessaire à la reconstitution de ce capital. Du reste, la marché de crédit est sujet à des variations continuelles, parfois à des variations subites, et puis le contrat de crédit est soumis à des considérations purement subjectives. L'intérêt des capitaux, s'il a un taux courant ou moyen dans une industie, n'est pas le même pour tous les entrepreneurs de cette industrie. Son taux dépend du dégré de confiance qu'on peut avoir dans un entrepreneur déterminé. Pour les fonds de terre, cela est encore plus évident. Nulle amélioration agricole ne peut être tentée avec des baux à court terme.

Au contraire, les emprunts faits en vue d'achats de matières premières dont on espère l'écoulement rapide, peuvent se faire à court terme. Il est bien certain, que la vente des produits d'une fabrique, met aux mains du fabricant le prix de ces produits dans des délais assez courts. Nous verrons plus loin comment et par qui se font ces deux sortes d'emprunts, lorsque nous nous occuperons des banques.

Maintenant que nous avons indiqué, non la proportion — elle n'est la même pour aucune entreprise — des capitaux fixes et des capitaux circulants, mais bien plutôt l'inégalité nécessaire qui doit exister entre eux, voyons maintenant l'usage que fera l'entrepreneur de ces capitaux.

Nous n'allons pas considérer ici les capitaux quant à leur nature, mais quant à la fin de leur consommation ; en d'autres termes, nous allons étudier la façon de l'entrepreneur qui dépense ces capitaux :

1° La plus grande partie de ces capitaux doit naturellement aller à l'entreprise; 2° une partie est destinée aux dépenses personnelles de l'entrepreneur et de sa famille.

Les dépenses personnelles de l'entrepreneur, bien qu'au premier abord elles paraissent devoir être de peu d'importance, ont néanmoins une grande influence sur le succès de l'entreprise. En règle générale, l'entrepreneur doit se considérer comme le premier de ses employés et s'attribuer un salaire proportionné aux bénéfices de l'entreprise. Ce salaire ne peut pas être déterminé rigoureusement, mais on peut en indiquer le maximum. Après avoir prélevé sur son bénéfice brut, les intérêts des capitaux, les salaires des ouvriers, l'amortissement des capitaux fixes, et une part de fonds de réserve, le surplus peut être employé en dépenses personnelles. A ce compte, l'entrepreneur n'épargnerait point de capitaux. Il doit donc faire descendre au-dessous de ce maximum les dépenses de sa maison calculées sur la moyenne des bénéfices de plusieurs années antérieures. C'est en somme l'établissement d'un budget de dépenses qui doit être rigoureusement inférieur au budget des recettes nettes. L'entrepreneur doit donc savoir exactement le chiffre de ses dépenses mois par mois, et, à moins qu'il n'ait, en dehors de son entreprise des ressources personnelles, régler les dépenses de sa maison avec une grande sagesse.

Les dépenses en vue de la production ont un tout autre caractère. Les dépenses personnelles ne sont pas des dépenses productives au sens absolu du mot ; elles conservent bien la santé, la vie de l'entrepreneur et celle des différents membres de sa famille, mais elles rentrent dans le cadre des consommations immédiates destinées, comme nous l'avons dit dans la leçon sur la consommation, à produire des forces indéterminées. Les dépenses en vue de la production sont des consommations médiates, des consommations reproductives dont il faut toujours calculer les effets. Elles peuvent être divisées elles-mêmes en deux catégories : 1° les dépenses en vue de la production immédiate ; 2° celles qui, moins directement, favorisent cette production, comme les améliorations dans l'hygiène des ateliers, le contrôle, etc.

L'effet des dépenses de première catégorie est d'un calcul assez facile. Les prévisions relatives aux secondes présentent plus de difficultés. C'est là souvent que gît le succès d'une entreprise. Les premières dépenses sont appelées *frais spéciaux*, elles comprennent l'achat des matières premières, les salaires des ouvriers, etc. ; les secondes, appelées frais d'administration ou *frais généraux*, comprennent le loyer industriel, l'éclairage, le contrôle, etc., etc. Or, dans une même industrie, les frais spéciaux sont sensiblement les mêmes pour toutes les entreprises, tandis que les frais généraux varient, au contraire, avec chacune de ces entreprises et font hausser ou baisser le prix de revient dans chacune d'elles. L'effort de l'entrepreneur devra donc se porter vers les *frais généraux* afin de les réduire, ou plutôt d'obtenir le maximum d'effet avec le minimum de dépenses. Tout dépend donc de l'arrangement spécial fait par l'entrepreneur.

2° *Emploi du travail.* — L'emploi du travail demande, comme l'emploi des capitaux, du savoir, de la perspicacité et du tact. Le premier travail dont ait à s'occuper l'entrepreneur, est le sien propre. La dimension de l'entreprise lui indiquera quel genre de travail est plus profitable pour lui. Si l'entreprise est restreinte, si tout en travaillant, l'entrepreneur peut surveiller ses ouvriers, s'il n'a point trop d'affaires à conclure hors de chez lui, il fera bien d'être son contre-maître, son premier ouvrier. Si au contraire, l'entreprise est trop étendue pour qu'il puisse, en même temps, travailler comme un ouvrier, il devra porter tous ses soins vers la surveillance et le contrôle tant intérieur qu'extérieur. Il aura dans cette circonstance plus de bénéfice à empêcher le *coulage* dans sa maison, à se tenir au courant du marché, qu'à travailler directement à la fabrication de l'objet que produit son entreprise.

Les conditions du contrat de prestation de travail ont une grande importance pour l'entrepreneur. Par sa nature, le contrat de prestation de travail ne peut être conclu pour un temps long. Sa durée est limitée quant aux ouvriers proprement dits à la semaine ou à la journée, et quant aux employés, au mois. La question importante dans le contrat est évidemment le salaire : l'entrepreneur dispose pour une somme déterminée d'une force. Mais cette force peut être employée plus ou moins utilement. L'on a vu qu'avec la coopération complexe ou division du travail, dans la même unité de temps et avec les mêmes forces, mais combinées de certaine façon, il était possible de multiplier par 20, par 100 même, l'effet produit. Et ce n'est pas un *surtravail* que l'on demande ainsi à l'ouvrier : on fait produire à sa force un plus grand effet utile, tout simplement, sans augmenter sa peine.

Le contrat de prestation de travail vient du principe de la liberté du travail ; il est donc relativement récent.

L'esclavage semble avoir été le premier système d'arrangement du travail. Le maître avait droit de vie et de mort sur l'esclave qui, du reste, était considéré comme une chose. Il serait trop long d'étudier, même succinctement ici, l'évolution historique de la condition de l'ouvrier manuel. Sous le régime de la liberté, qui, cependant, lui offre de plus grands avantages que les systèmes autoritaires d'arrangement du travail, il discute librement avec l'entrepreneur les conditions du contrat de prestation de travail. Il entre librement dans le métier qui lui plaît ou lui paraît devoir lui procurer une plus grande rémunération que les autres. Par un simple acte de sa volonté dans le choix de sa profession manuelle, il fait agir dans un sens ou dans l'autre, la loi de l'offre et de la demande. L'on ne peut nier que la liberté du travail n'ait amélioré pour l'ouvrier les conditions du travail et de la vie. Les peuples civilisés ont vu leur population doubler et même tripler sous l'influence de la liberté ; le bien-être matériel d'alimentation a beaucoup augmenté, et parmi les entrepreneurs, on compte un grand nombre qui sont d'anciens ouvriers ou commis.

Le travail est salarié : 1° à temps ; 2° aux pièces.

1° Le travail salarié à temps est le travail à l'heure, à la journée, à la semaine, au mois ou à l'année. Aucune stipulation ne fixe le produit du travail du salarié pendant l'unité de temps. Ce produit est ordinairement fixé par la coutume et n'est pas limité mathématiquement. Il est indispensable que l'entrepreneur, s'il veut, en ce cas, obtenir un bon produit du travail du salarié, lui donne un salaire égal au salaire courant, et qu'il proportionne les augmentations de salaires aux augmentations de travail demandé, si les calculs du prix de revient relativement au prix de vente le permettent.

L'ouvrier, en effet, n'est pas une force inintelligente. Le dernier manœuvre, comme l'a dit J. Stuart Mill, ne fait pas agir que ses muscles dans son travail ; si petite qu'elle soit, il a une intelligence directrice qui le guide dans l'art d'économiser ses forces et d'accomplir son œuvre, quelque simple et rudimentaire qu'on la suppose. Il peut donc utiliser plus ou moins cette force, la faire agir avec plus ou moins d'habileté. Et lorsque l'ouvrier est un ouvrier d'ordre supérieur, lorsqu'il est mécanicien ajusteur, par exemple, que son intelligence joue un rôle considérable dans l'action qu'il déploie, il importe que l'entrepreneur le rétribue de façon à obtenir le plus possible d'attention de sa part, afin d'éviter le *coulage* si dangereux en industrie, où les matières premières sont l'objet de tant de transformations.

Il faut donc, dans ce genre de travail, une plus grande somme de surveillance que dans le travail aux pièces, en ce qui concerne les pertes de temps et la discipline dans l'atelier. On évite parfois, dans le travail à temps et à salaire fixe, le *coulage* et la perte de temps au moyen de primes ou de gratifications données aux meilleurs ouvriers. Un autre moyen qui a, dans certains cas, ses avantages et que l'on a beaucoup préconisé depuis une vingtaine d'années, est la participation aux bénéfices. La participation aux bénéfices sera, d'après le programme de l'École, l'objet de deux leçons à la fin de ce cours.

2° Le travail aux pièces présente de plus grands avantages que le travail à temps, et est employé généralement toutes les fois qu'il peut l'être. Il nécessite, aussi lui, une surveillance spéciale. Ce n'est pas, comme dans le travail à temps, à discipliner l'atelier qu'il faut s'appliquer — les ouvriers qui travaillent aux pièces ont intérêt à économiser le temps — mais bien plutôt à surveiller le travail lui-même. La rapidité déployée par l'ouvrier aux pièces, fait qu'il n'apporte pas toujours le soin désirable, le *fini*, dans la fabrication du produit, et qu'il tend à gaspiller des matières premières.

Il importe donc pour l'entrepreneur de développer toute sa vigilance lors de la réception du produit.

Comptabilité. — L'entrepreneur est le chef de son entreprise ; non-seulement il est responsable de sa propre fortune, s'il en possède une, mais aussi des capitaux qui lui sont confiés, et de l'*espérance* de travail qu'il a fait naître chez les ouvriers qu'il emploie. Si son entreprise est mal dirigée, il engloutit dans un désastre industriel les capitaux d'autrui, et il jette sur le marché, brusquement des ouvriers qui parfois n'ont pu prévoir l'arrêt immédiat du travail. La fonction de l'entrepreneur — et nous l'avons fait ressortir déjà — lui impose des devoirs élevés, devoirs qui ne lui sont imposés que partiellement par la loi, mais qu'il doit avoir à honneur d'étendre.

Un entrepreneur peut avoir toutes les qualités nécessaires pour fonder une entreprise, diriger habilement l'emploi des capitaux et du travail ; s'il ne se tient pas chaque jour au courant de l'histoire de son entreprise, s'il ne peut jeter rapidement un regard en arrière pour voir le chemin parcouru et chercher des jalons pour la route à suivre demain, il compromet le succès de sa maison, il met en péril les ouvriers qu'il expose à un chômage par arrêt brusque de travail.

La comptabilité est à la fois l'histoire analytique et synthétique d'une entreprise. Elle permet au chef de savoir s'il est en gain ou en perte, s'il doit étendre ou restreindre sa production, s'il doit continuer à fabriquer ou liquider. L'entrepreneur évite ainsi les à coups qui, souvent répétés, causent les crises économiques. Il surveille aussi et contrôle ses employés et les opérations dont ils sont chargés. La comptabilité est donc une sorte de rapport journalier très analytique et en même temps très facile à parcourir par l'entrepreneur.

12ᵉ LEÇON.

LE CRÉDIT. — LES BANQUES.

Les instruments de crédit : billet, lettre de change, etc. —
L'endossement, l'escompte. — Banques, leurs opérations.
— Compensations, escompte, émission de billets. — Uti-
lité des banques. — De la société économique.

Presque toujours, l'entrepreneur vend en gros
ses produits à des commerçants, qui les revendent en gros, demi-gros ou en détail. L'achat des
matières premières et la vente des produits fabriqués par l'entrepreneur, l'achat et la vente des
marchandises par les commerçants, constituent
les opérations d'achat-vente ou d'échange.

On s'est préoccupé de bonne heure — probablement à l'époque où les hommes ont commencé
à faire du commerce — des moyens de faciliter
les échanges. L'emploi de la monnaie a été l'un
des premiers procédés inventés. L'extension du
commerce, augmentant de plus en plus les
échanges, et, par conséquent, la confiance des
coéchangistes, les contrats de crédit prirent naissance. Or, ce sont précisément les instruments
créés pour l'usage du crédit, dont nous allons nous
occuper. Ils ont pour but d'économiser l'emploi
de la monnaie, aussi bien comme instrument
dans les échanges que comme une matière d'approvisionnement des capitaux.

Les principaux instruments de crédit sont :

1° Le billet.

2° La lettre de change.

En commerce, on appelle billet une promesse de payer une somme déterminée, soit à une date indiquée, soit à présentation, à une personne désignée dans le billet ou au porteur.

La lettre de change est un ordre écrit de payer à un individu ou à l'ordre de cet individu une somme déterminée, soit à une date fixée, soit à présentation.

Presque toujours les achats-vente entre commerçants se font à crédit. L'acheteur remet alors au vendeur un billet, ou bien le vendeur tire sur l'acheteur une lettre de change. Ces billets ou ces lettres de change sont des titres négociables et qui se transmettent très facilement avec la créance qui en résulte, du propriétaire à une autre personne qui peut, elle-même, négocier de nouveau le titre et ainsi de suite. Cette négociation se fait très rapidement au moyen de ce qu'on appelle un endossement ou, par abréviation, un *endos*. Par cet endos, le propriétaire du titre s'engage à payer la somme qui est indiquée, à la date convenue, si le débiteur principal ne remplit pas ces obligations. Il peut y avoir plusieurs endosseurs en nombre illimité. Un banquier de Londres M. Loyd (Samuel), affirmait dans une enquête avoir vu un billet couvert de cent vingt endossements.

L'on comprend facilement que ces titres remplissent ainsi les fonctions de la monnaie, et qu'ils s'épargnent une somme de monnaie qu'on peut évaluer au moyen du nombre des endossements.

Le change facilite surtout les compensations de créance à distance, lorsque des relations commerciales suivies existent entre plusieurs centres commerciaux. Si A, marchand de soieries à Paris, doit aux industriels de Lyon une somme de cent mille francs et s'il est du à A, la même somme par un commerçant C, de Bordeaux, il enverra à Lyon des lettres de change tirées sur le commerçant C, de Bordeaux; mais C est créancier d'une somme équivalente sur la place de Lyon contre ces industriels, les industriels de Lyon n'auront donc qu'à remettre les lettres de change qu'ils ont reçues de A. On voit combien les opérations de paiement sont simplifiées et quelles économies en résultent.

« Pour pouvoir se servir de lettres de change, « dit J.-B. Say, il faut qu'il s'établisse auparavant « des relations fréquentes et qui permettent de « traiter autrement que par des échanges faits de « la main à la main. Il faut une poste aux lettres, « un langage commun, des mœurs analogues entre « les nations qui trafiquent entr'elles. »

De nos jours, les moyens de communication rendent de plus en plus facile l'usage des instruments de crédit. La distance même n'existe plus, pour ainsi dire, avec le télégraphe et le téléphone au moyen desquels on peut donner des ordres rapides.

Nous avons dit au commencement de la leçon que les achats-vente entre commerçants se font rarement au comptant. Or si l'on fait un règlement avec un effet de commerce (ainsi qu'on appelle les billets et lettres de change), il ne s'ensuit pas pour cela que ce règlement mette aux mains du créancier de la monnaie si ce créancier en a besoin et surtout s'il ne peut attendre l'échéance de l'effet. Alors un tiers intervient qui achète ce titre et se charge d'en opérer ou d'en faire opérer le recouvrement. Pour ce service rendu au créancier, ce tiers prélève une certaine somme à titre d'intérêts pour le temps à courir du jour de la vente ou négociation de l'effet, au jour de son échéance. Cette opération s'appelle *escompte*. L'escompte, comme on le voit, réalise en monnaie la créance reconnue par l'effet de commerce. Il facilite le contrat de crédit et rétablit en quelque sorte la vente au comptant pour le vendeur, mais il n'économise pas en cette circonstance l'emploi de la monnaie.

L'usage des effets de commerce établit une solidarité intime dans le monde commercial. Le crédit lui-même devient une marchandise. L'escompteur prête, en effet, non seulement ses capitaux propres, mais aussi ceux que des tiers lui confient. Il est un intermédiaire entre les capitalistes et les commerçants. Pour faciliter la circulation du papier fiduciaire, l'escompteur a avantage à souscrire lui-même des billets, mais payables au porteur; la signature de l'escompteur remplace celle des endosseurs; comme elle est connue et appréciée sur le marché, elle inspire plus ou moins de confiance. La valeur de ces billets souscrits par l'escompteur dépend des opérations d'escompte de cet escompteur; ses billets représentent en circulation le papier qu'il a escompté. Si ce papier est bon, c'est-à-dire est payé, et payé à l'échéance, les billets souscrits par lui sont bons aussi.

Il importe d'indiquer brièvement la différence qui existe entre les effets de commerce proprement dits dont nous venons de parler, et les actions et obligations de société commerciale ou industrielles; quant aux titres de rentes, nous indiquerons sommairement leur nature et leur usage. Une action, dans une société, représente une part de propriété dans l'entreprise pour laquelle a été fondée cette société. Cette action représente donc une somme essentiellement variable suivant que l'entreprise réussit bien, se maintient ou périclite. L'actionnaire a un revenu qui se compose d'une part dans les bénéfices de l'entreprise, et d'intérêts; ce revenu n'est nullement fixe comme on le voit. Le remboursement de l'action est généralement indéterminé, et sa date dépend aussi très souvent du plus ou moins de succès de l'entreprise.

L'obligation, au contraire, a droit à un revenu déterminé d'avance, et à un remboursement d'un capital indiqué lors de l'émission. Si l'époque du remboursement est éloigné, l'obligation est une valeur de placement et ne peut servir aux échanges comme les effets de commerce. Si, au contraire, elle est proche, l'obligation se négocie comme un billet.

L'inscription de rente constâte pour le propriétaire du titre, le droit de toucher un revenu fixe à une date indiquée. Ce sont ordinairement les États qui émettent des titres de cette nature lorsqu'ils font des emprunts ; ils se réservent ordinairement le droit de rembourser à volonté ou de ne pas rembourser du tout le montant du titre de rente.

Ces différents titres, actions, obligations, rentes, permettent, pour les entreprises qui exigent des capitaux considérables, de réunir les possesseurs de petits capitaux. C'est ainsi que sont constituées les compagnies de chemins de fer, de navigation, etc.

Banques. — Les banques, au point de vue général, sont des établissements ou maisons de commerce, qui font des opérations de crédit. Il existe plusieurs espèces de banques, suivant que ces banques sont simplement ce que l'on a appelé des *caisses communes de commerçants*, ou des banques qui émettent des billets, ou encore des maisons où l'on fait plus spécialement l'escompte.

Les banques de commerce font en général l'escompte et sont des caisses communes qui se chargent des paiements, des recouvrements et de la garde des capitaux des commerçants. Les banques permettent donc de faire plus facilement les compensations, surtout lorsqu'un grand nombre de commerçants, qui ont des relations d'affaires entr'eux, sont clients d'un même banquier. Dans ce cas, il suffit au banquier d'opérer un simple virement de compte pour faire la compensation ; par ce fait, il y a économie dans l'emploi de la monnaie.

Une autre économie dans l'emploi de la monnaie résulte aussi des recouvrements de place à place. Le banquier étant escompteur, possède dans son portefeuille des effets de commerce sur d'autres places au moyen desquels, par la voie des banquiers de ces places, ses correspondants, il peut aussi établir des compensations, ainsi qu'il a été dit lorsque nous avons parlé de la lettre de change.

Le banquier ne rend pas seulement ces services, il utilise encore les capitaux qui lui sont confiés et tend ainsi à réduire la sommes des capitaux qui pourraient rester improductifs.

Le commerce, le premier, a compris les services que pouvait rendre le banquier, aussi a-t-il été et est-il encore le principal client des banques. Il serait à désirer que l'industrie, qui cependant, de plus en plus, comprend et utilise les banques, en fit usage sur une plus large échelle. En agriculture, le banquier n'est pas moins nécessaire ; malheureusement, à part quelques pays comme l'Écosse et la Lombardie, où des banques, de constitution et d'origine complètement différentes du reste, rendent d'immenses services, l'on ne trouve guère ailleurs une organisation sérieuse et libre du crédit agricole.

Les services du banquier sont donc indispensables à tous ceux qui font des échanges. Néanmoins la notion de crédit et de solidarité morale qu'elle entraîne étant très élevée, il est nécessaire pour user de ces services d'être absolument préparé à la discipline des échéances. La vie commerciale du banquier dépend de l'exactitude de ses clients ; aussi le banquier juge-t-il ses clients d'après le plus ou moins de régularité qu'ils mettent dans leurs paiements. L'ensemble des opérations de crédit offre un mécanisme à rouages très délicats, qui ne peut être très bien compris que par ceux qui en sentent toute l'utilité.

Autant que possible, le banquier qui fait des opérations avec des maisons de commerce, doit s'abstenir de prêts destinés à être immobilisés. De même l'emprunteur qui veut donner cette forme aux capitaux qu'il emprunte, ne doit pas s'adresser à un banquier. Les banquiers, ainsi qu'il ressort de ce que nous avons dit, agissent surtout sur des capitaux circulants, c'est-à-dire sur des capitaux susceptibles d'être souvent transformés. Toute immobilisation aurait pour but de restreindre la marche des opérations, et, par conséquent, d'enlever à ces capitaux leur destination propre.

Pour l'emprunteur, au sujet de l'emploi des capitaux dans une entreprise, nous avons cité, comme une règle à suivre pour lui, les deux maximes de M. Courcelle-Seneuil. Elles trouvent pleinement ici leur explication.

De la société économique. — Comme on peut le voir maintenant, les rapports de tous ceux qui concourrent à la production, quelle que soit la catégorie à laquelle ils appartiennent, salariés, entrepreneurs ou capitalistes, sont des rapports d'intérêt. Pour celui qui voit de haut la vie économique, ces intérêts représentent dans leur ensemble l'intérêt général. Sans qu'il le veuille, sans qu'il s'y essaie, l'homme, sous l'empire de la liberté, en se conformant aux préceptes et aux enseignements de l'Économie politique, travaille à l'amélioration de la société.

Loin de voir d'un œil jaloux quelques-uns de ses semblables épargner, accumuler des capitaux, devenir riche, comme on dit vulgairement, le salarié doit s'en réjouir. Ces capitaux accumulés, c'est du travail pour demain, car le capitaliste ne peut vivre longtemps sur le fonds lui-même. Il aurait bien vite consommé improductivement ce capital, s'il ne le faisait fructifier ou ne le confiait à un entrepreneur. Et, dans certains cas, l'entrepeneur doit respecter le droit qu'a le salarié de discuter son salaire, lorsque le salarié n'est poussé par aucune raison politique, toutes les fois qu'en sa qualité d'agent économique libre il agit librement.

Mais les uns et les autres ne peuvent comprendre la fonction qu'ils occupent dans la société qu'à une condition : c'est qu'ils connaissent le mécanisme de cette société. Les uns et les autres agissent souvent en aveugles, créent des conflits regrettables, tendent à s'accuser réciproquement, parfois, de façon injuste. Nous l'avons dit déjà, il importe peu qu'on soit à une place plutôt qu'à une autre dans la société, le véritable intérêt réside dans la façon dont on lutte à cette place. Chacun a son rang de bataille dans l'armée industrielle, les uns se battent comme des soldats, les autres comme des officiers; ils ont des armes différentes, mais ils sont égaux devant l'insuccès.

Les salariés peuvent devenir entrepreneurs et les entrepreneurs, salariés, suivant leur mérite. On peut, il est vrai, faire remarquer que les phénomènes économiques que nous venons de décrire si rapidement, sont contrariés dans leurs manifestations par des causes indépendantes de l'action de l'homme, causes souvent inexplicables et, qu'à cause de cela, on nomme la chance ou le hasard. Mais ces causes-là, aucun arrangement humain ne peut les supprimer complètement. L'instruction générale tend à les diminuer; il en résulte que l'évolution économique amène peu à peu une moins grande inégalité dans la distribution des richesses, parce que l'homme sait mieux utiliser les forces à sa disposition, parce qu'il a appris à épargner.

13⁰ LEÇON

LA PARTICIPATION AUX BÉNÉFICES

La participation aux bénéfices. — Définition. — Ques tions
de principes. — La participation et la liberté du travail.

I

Comme la participation aux bénéfices doit être
l'objet de deux leçons, nous diviserons, afin
d'apporter plus de clarté dans notre exposition,
ce sujet en deux parties.

Dans cette première leçon sur la participation,
nous étudierons, à un point de vue scientifique,
cette forme nouvelle des rapports du capital et du
travail ; nous nous demanderons si elle est contraire
aux lois naturelles de l'économie politique, comment et dans quelles conditions elle peut se manifester.

Dans la seconde leçon, que nous pourrions appeler plus spécialement une *leçon de choses*, nous
décrirons les expériences faites avec cette même
participation, et nous entrerons, autant que le
temps nous le permettra, dans les détails de son
mécanisme.

Aujourd'hui donc, l'étude des principes ; la
prochaine fois, l'étude des applications. Nous in-

sistons particulièrement sur ce point : ici, dans ce cours, nous avons toujours nettement séparé la science de l'application, d'abord parce que cette méthode facilite l'enseignement, ensuite parce qu'elle donne à l'esprit un sens critique plus juste. Que de personnes, en effet, condamnent une idée, parce que sa mise en pratique n'a pas réussi, sans chercher à savoir quels principes ont amené la conception de cette idée ! Très probablement leur verdict ne serait pas jeté avec tant de légèreté si elles pouvaient comprendre que, souvent, la mise en pratique vient d'une mauvaise application de principes reconnus bons. C'est ce qui arrive malheureusement tous les jours pour les sciences sociologiques. Un homme produit, vend, achète et à cause de cela, bien qu'ignorant les lois qui président à ces phénomènes économiques, il juge souverainement et résout en quelques instants les problèmes les plus ardus. Pourtant cet homme ne prétend point savoir la physiologie, parce qu'il respire, mange, dort.

II

Pour analyser la participation aux bénéfices, nous nous poserons ces questions :

1° Qu'est-ce que la participation aux bénéfices ?

2° La participation augmente-t-elle la puissance productive et dans quelles circonstances ?

3° Est-elle en contradiction avec le principe de la liberté du travail ?

Nous vous rappellerons que nous avons étudié au début de ce cours, parmi les éléments de puissance productive, l'arrangement d'atelier ; que, plus tard, nous nous sommes occupés du contrat de prestation de travail. Vous savez que le contrat de prestation de travail, comme tous les contrats du reste, est fondé sur l'égalité civile et l'indépendance des deux contractants. Il n'y a donc, du fait de la loi, aucune prééminence accordée à l'un de ces deux contractants. Les caractères de ce contrat dérivent de sa nature : sa durée est courte, la rémunération des services, *la paie*, a lieu, à des intervalles assez rapprochés, toutes les semaines généralement ; quand le travail s'incorpore à un objet déterminé et que l'on peut mesurer la quantité de travail donnée à un ouvrier, cet ouvrier est ordinairement rémunéré suivant le service rendu ; cela s'appelle le salaire aux pièces. Dans les autres cas, il est payé à la journée ou à l'heure.

Il est facile de voir certains inconvénients — naturels, répétons-le — du contrat de prestation de travail. D'abord, il ne peut assurer absolument à l'ouvrier un débouché *continu* pour son travail ; l'acheteur de travail, de son côté, ne peut compter sur les services prolongés de son ouvrier. Cependant, ni l'un ni l'autre ne consentiraient à se lier, dans les conditions ordinaires, pour longtemps. Beaucoup de points restent aussi indéterminés dans la quotité et la qualité des services à rendre par le vendeur de travail. S'il est aux pièces, il fera beaucoup, mais moins bien ; s'il est à la journée, à l'heure, son travail peut être plus soigné, mais la quantité laissera à désirer. Toutes ces difficultés ont fait naitre un antagonisme entre ce qu'on a appelé le capital et le travail. Ignorant, aussi bien les uns que les autres, hélas ! le plus souvent, les lois qui régissent le monde économique, les vendeurs et les acheteurs de travail s'accusent réciproquement ; puis vient la lutte ouverte : la grève, moyen légitime il est vrai, conséquence du principe de la liberté du travail, mais moyen presque toujours funeste aux uns comme aux autres. Sans revenir sur la théorie du rapport habituel de la valeur qui existe entre les intérêts et les salaires et sur les variations de ces deux facteurs de toute entreprise, il est bon de se souvenir, à ce propos, de l'influence décisive de la loi souveraine de l'offre et de la demande.

Donc, la quantité et la qualité du travail rendu n'étant pas et ne pouvant pas être nettement déterminées dans le contrat de prestation de travail, les acheteurs de travail ont eu soin de faire surveiller leurs ouvriers, de leur fournir des instruments, des outils perfectionnés. De cette façon, les entrepreneurs — ou acheteurs de travail — régularisent le fonctionnement de leurs ateliers et évitent, dans la mesure du possible, une perte. Mais cette perte, malgré les arrangements d'atelier que l'on peut imaginer, est encore relativement grande. Est-ce une raison pour dire que le salariat n'est point un progrès, qu'il est une forme nouvelle d'esclavage ? Certainement non. Aucun contrat ne peut être absolument parfait, parce que rien d'humain n'est parfait. Ce contrat, néanmoins, a fait l'objet de bien des attaques passionnées. La liberté donne, en même temps que de grands avantages, une grande responsabilité; pour être digne d'être libre, il faut savoir l'être. Malheureusement, la plupart des ouvriers, par une sorte de phénomène d'atavisme, agissent comme si une autorité supérieure devait penser pour eux, prévoir pour eux. Ce sont trop souvent des mineurs au point de vue économique, et ils tendent vaguement, à cause de la fatalité historique qui semble les guider, vers le groupement corporatif.

III

L'on a proposé déjà beaucoup de moyens pour remédier à cet état morbide. Ces moyens qui avaient leur origine dans des idées humanitaires fort belles manquaient de fond. L'œuvre s'écroulait vite et, du reste, ne valait que par son fondateur. Proclamer que le travail est attrayant, et que, s'il ne l'est pas, on doit s'efforcer de le rendre tel, c'est affirmer un fait que l'expérience dément tous les jours. Le travail est une peine; il est aussi une loi pour l'homme qui ne peut y échapper.

Il était donc nécessaire de s'appuyer sur une base plus solide pour tenter de rapprocher les acheteurs et les vendeurs de travail.

Les promoteurs de la participation ont tenté

de faire servir l'intérêt, cet intérêt personnel qui divisait les uns des autres, à la réussite de leur œuvre. Dans la participation, le salaire subsiste ; mais, à côté, l'ouvrier a une part dans les bénéfices proportionnelle à son salaire.

L'ouvrier a son salaire, parce que n'ayant pas d'avances ou étant considéré comme n'en possédant pas, il lui faut vivre. Les bénéfices, s'il en existe, ne pouvant être calculés qu'à la fin de l'année, il lui serait impossible de n'être qu'un bénéficiaire. C'est là que se trouve une des raisons du succès de la participation dans certaines industries.

Voici comment s'établit cette sorte de contrat fort curieux que M. Léon Faucher a appelé un *nouveau contrat*.

C'est de l'entrepreneur que vient l'initiative ; c'est lui qui propose à ses ouvriers ce pacte. « Vous
« êtes salariés, leur dit-il, à la journée, à l'heure
« ou aux pièces ; vous ne travaillez, avec ces dif-
« férentes conditions, que strictement de façon à
« défendre votre intérêt personnel étroit. Toute
« augmentation de travail ou de soin ne vous
« rapporterait rien directement ; aussi êtes-vous
« indifférents aux bénéfices que peut réaliser l'en-
« treprise. L'entreprise y perd, et vous aussi. A
« partir d'aujourd'hui, non seulement vous aurez
« votre salaire, mais aussi une part dans les bé-
« néfices que vous concourrez à produire. Vous
« ne participerez pas aux pertes que j'espère, du
« reste, sinon éviter, tout au moins atténuer par
« ce moyen. Pour cela, il faut tout d'abord avoir

« confiance en moi ; je vous demande tout sim-
« plement une avance de travail et de soin qui ne
« vous appauvrira pas, une sorte de capital la-
« tent que vous ne pourriez faire valoir nulle part
« ailleurs qu'ici, puisque vous ne pouvez séparer
« votre intelligence directrice de vos bras et de
« vos forces. »

Tel est le principe général de la participation aux bénéfices.

L'initiative vient de l'entrepreneur généralement, ou tout au moins la décision ;

L'ouvrier conserve son salaire ;

Il ne participe qu'aux bénéfices.

Les modifications, les changements apportés à ce nouveau contrat ont pour but de résoudre les difficultés spéciales à chaque milieu dans lequel la participation est appliquée, surtout en ce qui concerne l'évaluation et le partage des bénéfices.

L'entrepreneur fait appel à un mobile puissant, l'intérêt ; cet intérêt tel que le prend l'Économie politique dans sa grande et belle acception. Lui-même n'est guidé que par ce même intérêt qui le pousse à essayer de rendre moins dur un antagonisme funeste à la production et aux producteurs de toute nature.

Assurément, si l'ouvrier apporte plus de soin et d'ardeur dans son travail, la puissance productive augmente. Pour que cet accroissement se maintienne, il est nécessaire que l'entrepreneur dirige bien son exploitation ; que son travail personnel, en tant qu'administrateur et directeur, soit bon.

Il faut donc, pour que la participation réussisse, ou, en d'autres termes, pour qu'elle apporte un accroissement de puissance productive :

1° Que l'entrepreneur connaisse son personnel, son entreprise ; qu'il se donne tout entier à son œuvre ;

2° Que les ouvriers aient l'intelligence de comprendre qu'ils sont tous solidaires les uns des autres en cette circonstance ; qu'ils aient confiance en la parole de l'entrepreneur.

Ces qualités ne se trouvent pas complètes généralement chez les uns et chez les autres. Il suffit qu'elles soient en germe chez les ouvriers — l'entrepreneur étant préparé solidement en vue de l'expérience — pour qu'elles aient chance de se développer sous l'action « rapprochante » de la participation.

Dans ces conditions de confiance réciproque, de bonne volonté, et d'intelligence, la participation a pour effet :

De diminuer le coût de production, d'obtenir un produit meilleur, d'empêcher la détérioration des outils, de supprimer presque le *coulage*, de laisser l'ouvrier indifférent en ce qui regarde les variations de salaires, et par conséquent d'éviter les grèves.

La formule du payement total de l'ouvrier dans la participation se compose de deux éléments :

1° un élément à peu près fixe, le salaire, et 2° une somme variable, calculée d'après ce salaire, ordinairement, et qui dépend de la somme des bénéfices. Si nous appelons Σs la somme des salaires d'une année pour un individu, et ϵ là portion de bénéfices dévolue à ce même individu, nous écrirons en appelant P la somme totale reçue.

$$P = \imath\, s + \epsilon$$

Or ϵ est variable et dépend de $\imath\, s$ et du chiffre des bénéfices dont le total a été établi, défalcation faite des frais de toute nature et aussi des salaires ; ϵ tendra donc à augmenter proportionnellement à la diminution de $\imath\, s$. En fin de compte, l'ouvrier trouvera à peu près, d'un côté, ce qui lui aura été versé de moins de l'autre, et à son avantage peut-être, car les bénéfices étant payés chaque année, par exemple, c'est une épargne faite pour lui.

Cet avantage de la participation qui tend à forcer, en quelque sorte l'ouvrier à épargner est un des plus importants. Mon éminent maître Courcelle-Seneuil a parfaitement démontré que l'effort fait dans l'épargne est un travail moral dont sont capables seuls les individus et les peuples arrivés à un certain degré de civilisation. Il y a toujours deux tendances chez l'homme ; l'une originelle qui le pousse à l'état sauvage, c'est-à-dire à la paresse, à l'imprévoyance, à la dissipation, l'autre qui le tient discipliné pour satisfaire les besoins sans cesse renaissants et nouveaux que font naître la société et les mœurs modernes. Faire prédominer cette dernière force que nous appellerons positive sur l'autre qui est essentiellement négative, c'est élever le degré de puissance productive de l'homme et de la société. A ce titre, la participation est une excellente école d'éducation économique en ce qu'elle commence à habituer progressivement les ouvriers à la responsabilité.

C'est ainsi que, souvent, les parts de bénéfices revenant à chaque participant ne sont pas entièrement versées au bénéficiaire. Ces parts ou ces portions de part sont employées à fonder, sous le contrôle des intéressés, des institutions de prévoyance, des caisses de retraite pour la vieillesse, des caisses de secours, etc. Dans certaines maisons même, où la participation est arrivée par une évolution progressive à son entier épanouissement, des sommes sont prélevées sur les parts pour constituer un fonds de réserve qui peut servir à parer aux pertes. Peu à peu ainsi, la participation qui n'est qu'une sorte d'association incomplète, au début, devient une association complète plus tard.

IV

Maintenant, le principe de la participation est-il contraire à la liberté du travail ? Certainement non, le principe de ce mode de rémunération du travail respecte entièrement la liberté des uns et des autres. Mais il arrive souvent que ceux qui sont les premiers à proclamer les principes de liberté, ne pouvant réussir à les mettre en pratique, vont demander aide et protection à l'État. Les promoteurs de l'idée de participation n'ont point eu besoin de recourir à ce moyen, et, par une bonne raison, c'est que plusieurs d'entre eux ont réussi, sans l'intervention d'aucune autorité, à établir la participation dans leurs établissements industriels. Comme nous le verrons dans la seconde leçon, la participation, avec toutes les conditions requises pour son succès, a donné d'assez bons résultats. Si elle n'a pas donné peut-être tout ce qu'on pouvait en attendre en Angleterre, dans un pays industriel par excellence, c'est, de l'avis de Herbert Spencer, « que le système indus- « triel actuel est la conséquence de l'état actuel « de la nature humaine et que son amélioration « ne se fera qu'autant que la nature humaine s'a- « méliorera ». C'est ainsi que s'exprime le philosophe, dans son livre sur la *Science sociale*. Nous répéterons, en langage économique, ce que nous avons dit plus haut : pour que l'homme agisse et travaille de façon à donner tout ce qu'il peut donner, il faut qu'il y soit intéressé et surtout qu'il comprenne cet intérêt ; il est nécessaire enfin qu'il ait une éducation économique.

Non seulement les industriels, partisans de la participation ne se réclament pas de l'État, mais ils repoussent avec énergie toute proposition qui tendrait à introduire l'État dans leurs affaires. Une proposition de loi ayant été faite à la Chambre des députés, il y a quelques années pour rendre la participation obligatoire en matière de travaux publics, *la Société pour l'Étude pratique de la participation du personnel dans les bénéfices* s'émut, et chargea une commission de trois membres d'étudier la question. Nous avons eu sous les yeux le rapport substantiel et nettement libéral de M. J.-B. Gauthier. M. Gauthier s'élève contre la proposition, au nom même de l'intérêt du principe de la participation. Nous ne pouvons entrer dans les détails des excellentes raisons invoquées par le rapporteur. Les difficultés surgissent nombreuses au sujet des travaux publics, entre autres celles-ci : le personnel pour ces sortes de travaux n'est pas toujours permanent ; — la comptabilité spéciale à établir offrirait des complications, surtout pour les industriels ou entrepreneurs peu familiarisés avec la comptabilité ; — cette obligation de laisser prendre connaissance de la comptabilité mettrait à nu la situation de certaines maisons et nuirait à leur crédit ; — à cause des rabais souvents très forts, dans les adjudications de travaux publics, les bénéfices sont très incertains ; — souvent les procès viennent arrêter le paiement des entrepreneurs par l'État, etc., etc.

Ce sont là les conséquences de l'appropriation par autorité, telles que nous les avons énoncées lorsque nous avons analysé les deux modes-types d'appropriation : par la liberté, par l'autorité.

L'on voit déjà, par cette rapide analyse du rapport de M. Gauthier, que la participation n'est pas une panacée, qu'elle ne doit pas être appliquée aveuglément, que comme toutes les plantes il lui faut une certaine quantité de chaleur totale pour porter des fruits. Les soins lui sont nécessaires, ils ne sont pas toujours exactement les mêmes suivant les milieux, les industries, les pays.

Résumons donc les conditions nécessaires pour qu'un essai de participation réunisse :

1° L'entrepreneur ou patron doit être dans une bonne situation commerciale ;

2° Son intelligence et son expérience doivent être également bonnes. — Une étude approfondie des applications de la participation lui est nécessaire ;

3° Outre ces qualités, il lui faut beaucoup de tact, une connaissance exacte de son personnel ;

4° L'industrie qu'il exerce doit être une industrie, autant que possible, à travail permanent, et dont les bénéfices et pertes ne soient pas susceptibles de variations énormes ;

5° Les ouvriers doivent être capables d'oublier — sinon d'abandonner complètement — leurs préjugés ; c'est-à-dire d'avoir confiance dans leur patron et dans les délégués d'entre eux qui auront des relations directes avec le patron ;

6° Le respect des conventions entre contractants est là plus qu'ailleurs d'obligation rigoureuse.

C'est avec une grande prudence qu'il faut tenter l'application de la participation aux bénéfices. Nous verrons dans la seconde leçon, en décrivant l'établissement de la participation dans différentes entreprises, combien délicate est la tâche de l'entrepreneur qui veut l'introduire dans sa maison.

Vous avez entendu ici, il y a quelques années, l'un des promoteurs les plus éclairés et les plus dévoués de la participation, M. Ch. Robert, vous dire avec éloquence les dangers d'expériences trop hâtivement faites. En terminant, nous tenons à vous citer, comme un bon conseil, un passage de l'excellente préface que M. Ch. Robert a écrite pour le livre, sur la participation, d'un professeur d'Économie politique de Dresde, M. Victor Bœhmert :

« La participation, on ne saurait trop le répéter, « n'est pas un remède universel et infaillible pro- « duisant de lui-même l'*opus operatum*, agissant « d'une façon miraculeuse ou magique, comme « ceux dont on trouve les annonces à la quatrième « page des journaux. C'est une formule savante « du nouveau codex social. Ses bons effets dé- « pendent à la fois de la constitution du malade, « de sa bonne volonté et de la capacité profession- « nelle du médecin. La maladie, c'est la situation « précaire du travailleur moderne et les passions « qui lui donnent la fièvre. Le docteur, c'est sou- « vent le patron, et ici, nous retrouvons les polé- « miques et les mouvements d'opinion qui agitent « parfois le corps médical... »

14ᵉ LEÇON.

LA PARTICIPATION AUX BÉNÉFICES. — QUESTIONS D'APPLICATION.

La participation en France, en Angleterre, en Suisse, etc.
De la prudence à observer dans l'application de la participation.

I

Nous avons étudié, dans la précédente leçon, la participation aux bénéfices quant aux principes. Il nous reste, à exposer aujourd'hui, les applications qui en ont été faites en différents pays.

Si nous laissons de côté le métayage, dont la forme se rapproche quelque peu du mode de répartition des fruits du travail que nous analysons ici, c'est en France, dans une branche d'industrie du bâtiment que semble avoir été appliquée, pour la premièrs fois, la participation aux bénéfices. Un ouvrier peintre, M. Leclaire, fondait vers 1826, un petit établissement à Paris. Jusque vers 1842 ses affaires n'avaient point pris une bien grande extension ; il eut alors l'idée, à cette époque, d'instituer en faveur de ses employés et ouvriers une participation aux bénéfices de l'entreprise. Assez rapidement cette maison prit de l'importance et quand M. Leclaire mourut, en 1872, il laissait une fortune personnelle qui, dit-on, dépassait un million. Et cependant, les bénéfices payés en espèces, aux ouvriers, ou versés à la Caisse de prévoyance, s'élevaient assez haut. Ils atteignaient à la fin de 1876 un total de 1,760,017 francs, et en 1880 le total général était de 2 millions 367,517 francs. A cette dernière date, 34 retraités, et 10 veuves recevaient des pensions de 1,000 francs et de 500 francs. Tels sont les débuts et les résultats de cette organisation universellement connue et qui devait servir de modèle à tant de maisons industrielles.

Voici quelle était en 1883, d'après la déposition (1) de M. Marquot, l'un des directeurs de l'ancienne maison Leclaire, le système de répartition des bénéfices dans leur entreprise : 75 o/o des bénéfices nets étaient accordés aux ouvriers; ils étaient répartis ainsi : 25 o/o étaient versés à la caisse de la société de prévoyance pour servir les rentes aux pensionnaires; 50 o/o étaient payés en espèces chaque année, à tous les ouvriers ayant travaillé dans la maison.

Les ouvriers individuellement ne participaient pas aux pertes, mais ils y participaient collectivement de la façon suivante. Comme les ouvriers étaient commanditaires, par la Société de prévoyance, pour une somme de 200,000 francs, cette somme pouvait être employée à combler les pertes dans les mauvaises années. En outre, un

---

(1) Enquête de la Commission extra-parlementaire des Associations ouvrières, 1882.

fond de réserve existait, égal à 100,000 francs, formé par une retenue de 10 o/o sur les bénéfices annuels.

La répartition était calculée au prorata des salaires annuels de chaque ouvrier.

Pour le contrôle de la gestion, les ouvriers nommaient deux délégués, chargés de vérifier avec le président de la Société de prévoyance, si les comptes étaient faits conformément aux statuts sociaux.

Les 50 o/o répartis aux ouvriers représentaient une augmentation de salaire de 0 fr. 15 centimes l'heure, ce qui formait, pour un ouvrier, annuellement, une somme de 400 à 450 francs. Et malgré cela, les salaires étaient supérieurs au maximum du tarif de la ville de Paris.

Nous voyons qu'ici la participation tend vers l'association coopérative. Le merveilleux succès de cette institution de la maison Leclaire est dû, tout d'abord, à son fondateur qu'aucun obstacle, qu'aucune difficulté n'ont rebuté, et aussi à la nature de l'industrie. Il faut remarquer que sous l'influence d'une discipline étroite établie par M. Leclaire, un *noyau* d'ouvriers d'élite s'est formé chez lui ; or comme ce noyau admet ou refuse les aspirants, il s'est fait et se fait tous les jours, dans cette maison, une sélection, un tri de bons ouvriers — dont le nombre du reste ne s'élève guère au-dessus de 400 — avec lequel une organisation, même compliquée peut être tentée, leur éducation économique offrant des garanties sérieuses.

II

Le point le plus important pour un patron, lorsqu'il a décidé d'établir la participation chez lui, est de savoir comment sera employé le produit de la participation. L'on peut distribuer en entier le dividende en espèces; cela a lieu quand on suppose les ouvriers capables de capitaliser eux-mêmes individuellement, les sommes qu'ils reçoivent; parfois, au contraire, ce dividende est entièrement versé dans une caisse de retraite. Dans ce dernier cas, l'ouvrier se protège lui-même, sous la direction de son patron, contre les tentations. Généralement, comme nous l'avons vu dans le résumé des statuts de la maison Leclaire, l'on ne prend guère complètement l'un ou l'autre de ces systèmes absolus. Une part des bénéfices est versée à l'ouvrier en espèces, l'autre part est employée à des œuvres de prévoyance et quelquefois à la constitution d'actions au profit des ouvriers, comme cela a lieu dans la papeterie d'Angoulême que dirige M. Laroche-Joubert, et dans le *familistère* de Guise, fondé par M. Godin.

Dans la maison Goffinon et Barbas, l'on remet aux ouvriers une moitié en argent à l'arrêté de l'inventaire, l'autre moitié est créditée pour chaque ouvrier sur les livres de la Société. La maison paie un intérêt de 5 o/o aux ouvriers qui sont ainsi considérés comme capitalistes, mais ils ne peuvent retirer leur part de mise à l'épargne qu'à certaines conditions assez rigoureuses. Pour cela le participant doit avoir vingt années de présence dans la maison ou avoir atteint l'âge de cinquante ans.

De l'établissement de la participation ne résulte aucun mode spécial de paiement des salaires. Suivant les industries les ouvriers sont rémunérés soit à la journée, soit à l'heure, soit à la tâche. Dans ce dernier cas, généralement, il n'est tenu compte à l'ouvrier, pour sa part dans les bénéfices, que d'une journée de travail au prix ordinaire.

L'établissement des comptes présente quelques difficultés surtout dans certaines industries, comme celle du bâtiment ou encore dans les entreprises de travaux publics. Il est impossible d'arrêter le compte de profits et pertes et de calculer le bénéfice net, si l'on ne fait des prévisions relativement aux rabais et aux règlements que peuvent subir les mémoires; de plus, comme dans toutes les industries, il se trouve des débiteurs douteux. Ces prévisions n'étant jamais absolument exactes, il se peut qu'elles soient trop fortes ou trop faibles. Dans le premier cas, s'il y a un excédent sur les prévisions, on le distribue l'année suivante; s'il y a au contraire déficit, généralement la différence est prise sur les bénéfices de l'année suivante; parfois elle est couverte avec une caisse pour parer aux pertes. Chaque maison, bien qu'appliquant les principes généraux de la participation, varie les moyens d'application suivant sa spécialité, son personnel, le milieu où elle opère.

Mais l'on peut se demander maintenant quels moyens de contrôle possèdent les ouvriers pour connaître les gains ou les pertes. Assurément, lorsqu'un patron établit chez lui la participation de sa propre autorité, lorsqu'il fait un essai, il fixe lui-même le tant pour cent à distribuer à ses ouvriers et ne peut guère, dans les premières années, appeler ces participants encore inexpérimentés à un contrôle effectif. Il faut que les ouvriers aient pris goût au système, qu'ils soient définitivement entrés dans les idées de l'entrepreneur, et que les premières répartitions de bénéfices aient excité l'ardeur et l'émulation du personnel pour que des garanties de contrôle soient nécessaires.

Dans certaines maisons, le caissier et les employés comptables étant participants, ils ont tout intérêt à suivre le développement commercial et le mouvement d'affaires qu'ils enregistrent chaque jour. Là, tout se fait au grand jour ; marchés, adjudications, devis, bilan, tout est connu des participants. Souvent aussi un comité consultatif est formé, composé dans les établissements créés sous forme de Sociétés commerciales, des gérants et d'ouvriers délégués. N'empêche que ce contrôle, et l'établissement du compte des bénéfices offrent beaucoup de difficultés et que ces difficultés ont arrêté quelques industriels dans leurs essais de participation.

Nous avons déjà indiqué que l'application de la participation était fort délicate dans les entreprises de travaux publics, surtout à cause des chances de pertes provenant de rabais trop considérables, et des retards causés par les procès pour le règlement des comptes. Or il s'est trouvé que la participation établie d'abord pour une maison qui entreprenait les grands travaux publics a fait peu à peu dévier cette maison de son but premier, ou du moins a modifié son existence propre en la faisant industrielle. C'est ainsi que la maison Goffinon qui, d'abord, entreprenait les grands travaux publics, s'est mise à fabriquer, après la guerre, des appareils d'hygiène, tout en continuant l'entreprise de couverture, de plomberie et de gaz. Par ce moyen, elle employait régulièrement un plus grand nombre d'ouvriers et pouvait plus facilement appliquer les principes que vous connaissez.

Il serait trop long d'énumérer les maisons qui, en France, ont introduit chez elles la participation aux bénéfices ; ces deux leçons ne pourraient suffire à étudier toutes leurs intéressantes expériences. Nous vous citerons néanmoins : la maison Chaix et Cie pour l'imprimerie ; les magasins du Bon Marché ; la Compagnie d'assurances l'*Union* ; la Compagnie d'Assurances générales ; la Compagnie du canal de Suez, etc., et parmi celles où l'association est venu couronner l'œuvre de la participation : la papeterie de M. Laroche-Joubert à Angoulême ; le *familistère* de Guise fondé par M. Godin ; la maison Leclaire, association dont nous avons du reste parlé au cours de cette leçon.

III

Il nous est donc encore plus impossible de faire, dans le cadre restreint où nous sommes enfermés, une revue de la participation à l'étranger. Cependant, nous vous dirons rapidement que la Participation a été, dès 1830, appliquée en Angleterre dans quelques exploitations rurales où elle semble avoir eu quelque succès. Il n'en a pas été de même dans les houillères de MM. Henri Briggs fils et Cⁱᵉ où, après dix ans d'essais, elle fut supprimée. D'autres tentatives ont été faites ; plusieurs maisons industrielles emploient chez elles la participation aux bénéfices, mais les résultats précis de ces organisations dans la Grande-Bretagne nous sont à peu près inconnus. M. Victor Bœhmer lui-même ne semble pas avoir été renseigné à ce sujet par les écrivains anglais qui, presque tous, accusent les *trades-unions* d'arrêter le développement régulier de la participation chez eux.

C'est aussi dans l'agriculture que la participation a fait sa première apparition en Allemagne vers 1847, et ce n'est guère que 1867 qu'elle a pénétré dans l'industrie manufacturière. Recommandée par plusieurs industriels qui l'avaient appliquée chez eux, elle a été combattue par différents écrivains de ce pays. Le Congrès d'économie sociale tenu à Dantzig en 1872 qui l'avait tout d'abord inscrite à son programme, le raya de son ordre du jour. Malgré une vive opposition, l'on constate en Prusse l'existence de 439 entreprises avec participation aux bénéfices nets, et de 61 entreprises avec participation au capital. Cependant il est juste de faire remarquer que cette participation est une participation restreinte en faveur des contremaîtres, employés, chefs d'ateliers et que dans la plupart des cas, elle ne s'étend pas aux ouvriers.

Mais c'est en Suisse où la participation a le plus d'applications, et, comme partout ailleurs c'est le métayage qui est la première et la plus antique forme de la participation. Elle y varie beaucoup quant à l'organisation dans les différentes entreprises où on l'emploie ; d'abord parce que chaque canton a sa constitution économique particulière, ses mœurs spéciales, et aussi parce que la différence des races qui se partagent la Suisse apporte ainsi que le sol une grande diversité dans les conditions du travail. Dans l'industrie, la participation a le plus souvent réussi. Cela tient à des considérations politiques et surtout à la dimension assez restreinte des entreprises. Placé près de ses ouvriers, le patron qui travaille le plus souvent avec eux, sait mieux les connaître, les apprécier ; l'ouvrier de son côté comprend mieux l'action du patron sur l'entreprise. De là naît une confiance réciproque. Voilà une quinzaine d'années que la participation aux bénéfices a été introduite en Suisse dans l'industrie, et jusqu'à ce jour, il ne semble pas y avoir eu de mécomptes, bien que les patrons soient assez audacieux dans leurs expériences. Ainsi la fabrique d'allumettes et de cirage de M. E. Schœtti, à Fehraltorf (canton de Zurich), admet les ouvriers à la participation dès l'âge de 18 ans, et seulement après un an de travail dans la maison. Il est bon d'ajouter que le tiers de l'allocation annuelle est employé à la constitution d'une caisse de secours et de vieillesse; les deux autres tiers sont répartis entre les intéressés au prorata des salaires gagnés pendant l'exercice. La moitié de chaque part est payée en espèces, l'autre moitié inscrite sur un livret individuel forme un fonds d'épargne dont le titulaire n'a la jouissance qu'après 25 ans de services ou à l'âge de 65 ans. Les participants n'exercent aucun contrôle sur les écritures.

Les autres pays d'Europe offrent quelques exemples isolés de tentatives de participation. En Amérique, aux Etats-Unis, l'agriculture, — et cela est général comme nous l'avons vu — l'a expérimentée et elle tend à se répandre rapidement dans plusieurs comtés du Mississipi. Dans les entreprises industrielles, son extension est peut-être moins rapide, et c'est surtout dans les petites entreprises qu'elle paraîtrait devoir mieux réussir. Dès que ces entreprises grandissent, ce mode de rémunération est souvent éliminé. C'est pourquoi l'on a proposé de créer autant de participations particulières qu'il y a, dans une manufacture, d'ateliers distincts. Dans les entreprises où les ouvriers très nombreux ne se connaissent pas, où ils sont loin de la direction, ou une commune pensée ne règne pas, il est en effet difficile d'établir la participation. Pour le système qui consiste à prendre chaque atelier comme une entreprise distincte, des expériences répétées pourront seules indiquer si cette organisation aurait quelques chances de succès.

Ainsi l'on voit par ce rapide exposé, que la participation a eu, suivant les pays, les mœurs de leurs habitants et les entreprises, des fortunes diverses. Très certainement, elle n'est pas et ne doit pas être cantonnée dans un seul pays, et comme nous le disions dans la première leçon, le succès de son application dépend de la sagacité du patron, de la nature de son industrie, du degré d'éducation économique des salariés. Nous la voyons peu ou point appliquée dans les travaux publics. En ce qui concerne l'industrie du bâtiment elle a réussi en maintes circonstances.

L'on pourrait donc énoncer ainsi les règles générales qui devraient guider un patron dans l'établissement de la participation chez lui, s'il la jugeait nécessaire :

1º L'entreprise doit être dans une bonne situation ;

2º Le personnel en général doit être déjà attaché à la maison ;

3º Le patron fixe le tant pour cent à abandonner à ses ouvriers, cette somme doit être modeste dans le début ;

4º Dans le début aussi, il ne peut laisser exercer un contrôle sur ses écritures par des gens dont il ne connaît pas encore entièrement les idées ;

5º La presque totalité des premières sommes

abandonnées aux participants doit être versée dans une caisse de secours et de vieillesse;

6° Le stage doit être assez long, deux ou trois ans, au moins, pour les ouvriers;

7° Dans les industries comme celle du bâtiment, par exemple, où se trouvent des ouvriers nomades, la participation ne doit s'exercer qu'au profit du noyau d'ouvriers attachés à la maison; les primes pourraient être, suivant les cas, distribués aux autres.

Enfin, si ces premiers essais réussissent, le patron peu à peu, applique les principes généraux de la participation, distribue, sur les bénéfices, des sommes plus fortes, admet les participants au contrôle, etc.

Ces règles ne sont pas étroites, elles ne peuvent servir que d'indication; même appliquées avec ménagement et prudence, leur effet peut être mauvais. Il est donc bon d'étudier la participation aux bénéfices surtout dans les applications pratiques auxquelles elle a donné lieu, car il faut, en cette circonstance, se défier des illusions, envisager froidement la question, et se garer de l'esprit de système. L'on a dit que la participation aux bénéfices avait résolu la question sociale. Cette affirmation venait évidemment d'un enthousiaste et d'un apôtre. La question sociale, nous l'avons démontré, n'a pas qu'une seule inconnue; elle offre des solutions indéterminées dans plus d'une de ses parties, et laisse aux chercheurs un beau champ d'investigation. Un idéal ne serait plus un idéal si l'on pouvait y atteindre, et le progrès cesserait d'être le progrès le jour où l'on aurait trouvé le moyen de donner à l'humanité tous les bonheurs et toutes les joies.

Dans cet ordre de choses, la participation est un outil qu'il faut savoir manier, qui blesse les maladroits et rend des services aux intelligents; il dépend, comme toutes choses, et du jeu des lois naturelles et de la volonté de l'homme.

TABLE

BIBLIOTHÈQUE
NATIONALE

CHÂTEAU
de
SABLÉ

1991